四川省软科学研究计划项目"四川转变农业发展方式中科技创新驱动战略研究"成果
(项目编号:2014ZR0017)

转变农业发展方式中的农业科技创新驱动研究

——以四川省为例

向 平 唐江云 杜兴端 万志玲 杨 红 著

科学出版社

北 京

内 容 简 介

本书以四川省软科学研究计划项目——四川转变农业发展方式中科技创新驱动战略研究（项目编号：2014ZR0017）的研究成果为核心素材合编而成，是关于农业发展方式与农业科技创新驱动相互关系的基础理论研究著作。系统介绍创新驱动的内涵特征、国内外科技创新理论的演进、发展与模式；阐明农业科技创新对农业发展方式转变的重要作用及促进农业发展方式转变的机制；研究四川省农业科技创新驱动的现状，分析制约四川农业研发创新驱动的因素，提出提升科技研发创新驱动能力的措施、加快四川省农业科技成果转化的对策、促进四川农业科技创新人才培养的建议和构建四川农业科技创新金融支持体系的框架，以期为四川农业深入实施创新驱动战略、推进农业科技创新工程建设奠定理论基础。

本书理论联系实际，对科研具有重要指导意义，可供各级农业科技人员、农业推广人员、新型经营主体、新型职业农民参考。

图书在版编目(CIP)数据

转变农业发展方式中的农业科技创新驱动研究:以四川省为例 / 向平等著.—北京：科学出版社，2020.5
ISBN 978-7-03-063684-3

Ⅰ.①转… Ⅱ.①向… Ⅲ.①农业技术-技术革新-研究-四川 Ⅳ.①F327.71

中国版本图书馆 CIP 数据核字（2019）第 280977 号

责任编辑：孟　锐 / 责任校对：彭　映
责任印制：罗　科 / 封面设计：墨创文化

科学出版社 出版
北京东黄城根北街16号
邮政编码：100717
http://www.sciencep.com

成都锦瑞印刷有限责任公司 印刷
科学出版社发行　各地新华书店经销

*

2020年5月第 一 版　　开本：787×1092 1/16
2020年5月第一次印刷　　印张：7 3/4
字数：184 000

定价：69.00元
（如有印装质量问题，我社负责调换）

前　言

创新驱动作为新时代的创新理念，突破了传统依靠要素驱动和投资驱动进行科学发展的观念，将要素和投资两个驱动源替换成了具有时代特征、突显时代科技发展水平的科技资源和人才资源。党的十八大报告在论述加快完善社会主义市场经济体制和加快转变经济发展方式时明确提出，要实施创新驱动发展战略。从全球经济发展背景看，创新驱动是发挥比较优势、提升核心竞争力的现实途径。从国内目前经济成长阶段看，创新驱动已成为加快转变经济发展方式"最根本、最关键"的力量。人口老龄化、耕地减少、水资源缺乏、能源危机、粮食安全以及气候变化、环境恶化等问题的出现，各国政府逐步认识到，必须加强农业科技创新驱动发展研究，带动农业生产方式的巨大变革和农业生产力的提高，以确保农业的可持续发展。目前，各国政府和国际组织高度重视，积极推动农业科技创新驱动发展，促进农业可持续发展，掀起了新一轮的全球农业科技革命。

四川作为农业大省，正处于从传统农业向现代农业过渡、从农业大省向农业强省发展的阶段，农业发展中依旧存在不平衡、不协调、不可持续的突出问题，如：①经济发展面临资源枯竭的困境；②日益严重的生态危机和环境问题；③产业结构单一；④原有驱动模式的路径依赖，这些问题阻碍了四川省多点多极支撑发展格局的形成、影响了四川城乡统筹发展、创新驱动发展、新型城镇化发展的进程。面对日趋激烈的国内外竞争，农业科技创新驱动战略研究已成为新形势下农业发展的焦点，着力研究适合四川农业跨越发展的科技创新驱动战略，为推动四川"两个跨越""三大发展战略"，实现科学发展、创新驱动发展和追赶跨越发展增添新动力，显得尤为紧迫。

基于上述背景，本书从八个方面展开研究与介绍。前三章主要介绍科技创新的基本理论，农业科技创新驱动农业发展方式转变及农业科技创新驱动的国际经验。第4章分析了四川省农业科技创新驱动的现状，明确四川省仍存在一系列与现代农业产业发展不相适应的问题。后四章内容重点介绍了如何提升四川农业研发创新驱动能力、加快四川农业科技成果转化、促进农业科技创新人才培养及构建四川农业科技创新金融支持体系。

本书第1、2、4、5章由唐江云编写；第3章由向平编写；第6章由杜兴端编写；第7章由万志玲编写；第8章由向平、唐江云、杨红编写。在编写过程中，作者参阅和引用了国内外诸多学者的研究成果，在此向他们表示真诚的感谢和敬意。同时，书稿的完成依托了"四川省软科学研究计划项目——四川转变农业发展方式中科技创新驱动战略研究（项目编号：2014ZR0017）"和"四川省科技支撑项目——四川省'十三五'农作物及畜禽育种攻关（2016NZ0098-19）"，在此特向课题组成员致以最诚挚的谢意。对于本书中的错误或不当之处，敬请各位专家和广大读者批评指正。

目 录

第1章 科技创新的基本理论探讨 ·· 1
  1.1 创新驱动的概念及内涵 ··· 1
    1.1.1 创新 ·· 1
    1.1.2 创新驱动 ·· 1
    1.1.3 创新驱动具有的特征 ··· 2
  1.2 科技创新驱动战略的相关理论 ··· 3
    1.2.1 国外科技创新理论的演进 ·· 3
    1.2.2 我国科技创新理论的发展 ·· 6
  1.3 创新驱动发展模式的研究 ·· 7
    1.3.1 创新要素驱动模式 ·· 8
    1.3.2 聚集创新驱动模式 ·· 8
    1.3.3 市场需求驱动模式 ·· 9

第2章 农业科技创新驱动农业发展方式转变 ···························· 11
  2.1 农业科技创新对农业发展方式转变具有重要作用 ············· 11
    2.1.1 发展现代农业必须以农业科技为支撑 ························· 11
    2.1.2 科技是推动农业发展方式转变的根本动力 ·················· 15
  2.2 农业科技创新驱动农业发展方式转变的路径 ···················· 16
    2.2.1 农业技术创新驱动农业增长由粗放型向资源节约型、环境友好型转变 ······ 16
    2.2.2 农业技术创新驱动农业产业结构向结构优化和质量安全转变 ············ 16
    2.2.3 农业科技创新与农业发展 ·· 17
  2.3 农业科技创新驱动农业发展方式转变的机制 ···················· 17
    2.3.1 技术进步机制 ··· 17
    2.3.2 要素市场经营机制 ·· 18
    2.3.3 激励机制 ·· 18

第3章 农业科技创新驱动的国际经验 ······································ 20
  3.1 国外支持农业科技创新的典型做法 ··································· 20
    3.1.1 美国 ·· 20
    3.1.2 法国 ·· 21
    3.1.3 英国 ·· 22
    3.1.4 荷兰 ·· 22

        3.1.5 日本 ·· 24
        3.1.6 新西兰 ·· 24
        3.1.7 其他国家 ·· 25
    3.2 国外农业科技创新的经验借鉴 ·· 28
        3.2.1 完善的国家农业科研体系 ··· 28
        3.2.2 政府发挥举足轻重的作用 ··· 28
        3.2.3 高效的农业科技推广体系 ··· 29
        3.2.4 多元化的资金筹措机制 ·· 30
        3.2.5 庞大的农民合作社或协会组织体系 ····································· 31
        3.2.6 统筹的协调联动机制 ·· 31

第4章 农业科技创新驱动现状分析 ·· 32
    4.1 四川农业科技创新驱动发展现状分析 ··· 32
        4.1.1 农业科研综合实力不强 ·· 32
        4.1.2 农业科技创新资金投入不足 ··· 33
        4.1.3 农业科技创新体制机制不完善 ·· 33
        4.1.4 农业科技创新人才稀缺 ·· 33
        4.1.5 农业科技创新成果转化速度慢 ·· 34
        4.1.6 农业科技创新缺乏金融支持 ··· 34
        4.1.7 创新成果转化效率较低 ·· 34
    4.2 四川特色农业产业发展的技术效率分析 ······································· 34
        4.2.1 四川油菜生产效率分析 ·· 34
        4.2.2 四川马铃薯生产效率分析 ··· 44
        4.2.3 四川烤烟生产效率分析 ·· 52

第5章 提升四川农业研发创新驱动能力 ·· 62
    5.1 农业科技创新内涵 ·· 62
        5.1.1 农业科技创新的界定 ·· 62
        5.1.2 农业研发、创新驱动与经济增长的传导机制 ······················· 63
    5.2 农业研发创新驱动的重要意义 ·· 63
    5.3 四川农业科技研发现状 ··· 64
        5.3.1 四川农业发展概况 ·· 64
        5.3.2 四川农业科技研发现状 ·· 64
        5.3.3 制约四川农业研发创新驱动的因素 ····································· 66
        5.3.4 农业科研机构创新驱动案例分析 ·· 68
    5.4 提升四川农业科技研发创新驱动能力措施 ··································· 70

第6章 加快四川农业科技成果转化 ·· 73
    6.1 农业科技成果与转化 ·· 73
        6.1.1 农业科技成果 ·· 73
        6.1.2 农业科技成果转化 ··· 74

  6.2 农业科技成果转化特征 ·· 74
  6.3 四川省农业科技成果转化现状 ·· 76
    6.3.1 构建创新投入稳定增长机制，显著提升农业科技创新能力和成果供给水平 ···· 76
    6.3.2 构建现代农业技术创新体系，增强产业发展科技支撑能力 ························· 76
    6.3.3 实施重大科技成果转化专项，加速农业重大科技成果转化 ························· 77
    6.3.4 构建新型农业科技推广体系，加快技术成果转化应用步伐 ························· 78
    6.3.5 创新农民培训模式，培养农业科技成果应用主体 ······································· 78
  6.4 四川省农业科技成果转化存在的问题 ··· 78
    6.4.1 农业科技成果有效供给不足 ·· 78
    6.4.2 农业科技成果转化机制不畅 ·· 79
  6.5 加快四川省农业科技成果转化的对策建议 ··· 80

第 7 章 促进四川农业科技创新人才培养 ·· 83
  7.1 科技创新人才在四川转变农业发展方式中的作用 ·· 83
  7.2 四川省农业科技创新人才现状 ·· 84
    7.2.1 农业科技创新人才队伍建设 ·· 84
    7.2.2 农业科技资金投入稳步增长 ·· 84
    7.2.3 农业科技人才创新成果不断突破 ·· 84
    7.2.4 农业科技创新人才培养环境逐步改善 ·· 85
  7.3 四川农业科技创新人才建设中存在的问题 ··· 85
    7.3.1 农业科技创新人才规模相对较小，配置和分布不合理 ······························· 85
    7.3.2 缺乏高层次农业科技创新人才 ·· 85
    7.3.3 缺乏稳定的农业科技成果转化专家队伍 ·· 86
    7.3.4 农业科技创新人才流失严重 ·· 86
    7.3.5 农业科技人才资源开发、培养和自主创新的投入不足 ······························· 86
  7.4 农业科技创新人才培养体系 ·· 87
    7.4.1 农业科技创新人才培养体系的内涵 ·· 87
    7.4.2 四川农业科技创新驱动人才培养体系的建设目标 ······································· 87
  7.5 四川省农业科技创新驱动人才培养发展方向 ··· 88
    7.5.1 优化人才成长环境，加大高端人才引进力度 ··· 88
    7.5.2 培育新型职业农民，助力现代农业发展 ·· 89
    7.5.3 农业科技创新人才培养的保障机制 ·· 89
    7.5.4 农业科技创新人才培养的激励机制 ·· 89
    7.5.5 农业科技创新驱动人才培养环境及体系建设 ··· 90

第 8 章 构建四川农业科技创新金融支持体系 ·· 91
  8.1 科技创新与金融支持 ··· 91
    8.1.1 国外农业科技创新金融体系分析 ·· 91
    8.1.2 国外农业科技金融体系经验启示 ·· 94
    8.1.3 我国农业科技金融体系存在的问题及建议 ·· 95

    8.1.4 科技创新及科技成果转化都依赖于金融资金支持 …………………… 98
    8.1.5 科技创新为金融业发展提供新机遇和空间 …………………………… 98
  8.2 金融支持科技创新的独特运行机制 ………………………………………… 99
  8.3 四川省农业科技创新驱动金融发展现状 …………………………………… 99
    8.3.1 财政资金支持农业科技创新现状 ……………………………………… 99
    8.3.2 政策资金支持农业科技创新现状 ……………………………………… 100
    8.3.3 商业资金支持农业科技创新现状 ……………………………………… 101
  8.4 四川农业科技创新驱动金融支持存在的问题 ……………………………… 103
    8.4.1 政府投入不足 …………………………………………………………… 103
    8.4.2 金融机构支持不到位 …………………………………………………… 104
    8.4.3 技术创新金融支持系统结构单一 ……………………………………… 104
    8.4.4 传统金融机构与金融产品不适应技术创新 …………………………… 105
    8.4.5 缺乏完善的政策性金融扶持 …………………………………………… 105
  8.5 构建四川农业科技创新金融支持体系 ……………………………………… 105
    8.5.1 投资融资体系 …………………………………………………………… 108
    8.5.2 风险保障体系 …………………………………………………………… 110
    8.5.3 信用担保体系 …………………………………………………………… 110
    8.5.4 金融信息咨询体系 ……………………………………………………… 110
  8.6 完善多层次农业科技创新金融支持体系的政策选择 ……………………… 111
    8.6.1 科技农业产业的财政税收方面扶持 …………………………………… 111
    8.6.2 完善农村金融服务体系，加大金融机构对农业科技产业的支持 …… 111
    8.6.3 健全风险投资环境和退出机制 ………………………………………… 111
    8.6.4 设立技术创新产业投资基金 …………………………………………… 112
参考文献 …………………………………………………………………………… 113

第1章 科技创新的基本理论探讨

创新,是一个民族进步的灵魂,是经济发展的不竭动力。创新驱动发展是我国适应全球经济新发展形势的重要战略。抓住机遇全面实施创新驱动发展,是立足于全局,维持可持续发展的必然选择。要从根本上解决经济发展中存在的根深蒂固的问题和矛盾,增强经济发展的活力和动力,加快经济发展方式的转变等都必须依赖于创新。创新驱动发展是新时期事关国家和区域发展全局的大战略。构建创新驱动发展的有效体制机制,是实施创新驱动发展战略的关键[1]。

1.1 创新驱动的概念及内涵

1.1.1 创新

在我国,最早提出"创新"一词的是三国时期的魏国人张揖,其所著的《广雅》中指出:"创,始也,新,与旧相对。"在《魏书》和《周书》中也分别有"革弊创新""创新改旧"的观点,它们都将创新解释为创造新的事物。在国外,最早提出创新概念的是奥地利经济学家约瑟夫·熊彼特,在其1912年出版的《经济发展理论》中提出的"创新"更偏向于经济学。他认为创新是将一种新的生产要素和生产条件进行"重新结合"之后再投入生产的过程,即第一次将新的产品、原料、技术、方法或制度等应用到经济发展中进行尝试的过程,并指出企业家的任务就是实现这种"新组合"[2]。同时熊彼特还区分了创新活动和创新这两个概念,并认为"有效的改变与创造才是创新"。之后弗里曼在熊彼特的基础上扩大了创新的概念,认为创新包括发明、创新和创新扩散三重理论[3]。德鲁克对熊彼特创新的概念进行了有益的补充和完善,认为一切现有的都会逐渐失去其价值,只有系统地抛弃过去,才能更好地面对未来的创新[4]。创新是指人类为了自身和社会发展的需要,不断突破常规,发现或创造新思维、新事物并对客观存在的世界和自身进行重新认识的行为活动。

1.1.2 创新驱动

国内外研究学者目前对"创新驱动"的概念尚未有明确且统一的界定。

---

[1] 汪冰. 创新、创新驱动和创新驱动战略[J]. 甘肃理论学刊, 2013(4): 24-26.
[2] 约瑟夫·熊彼特. 经济发展理论[M]. 何畏, 易家详, 张扩军, 等, 译. 北京: 商务印书馆, 1990.
[3] 克里斯托夫·弗里曼. 技术政策与经济绩效: 日本国家创新系统的经验[M]. 张宇轩, 译. 南京: 东南大学出版社, 2008.
[4] 彼得·德鲁克. 创新与企业家精神[M]. 张炜, 译. 上海: 上海人民出版社, 2002.

早在 2002 年，迈克尔·波特提出了创新驱动，并对其进行了研究。他认为当一个国家的经济形成完整且关键要素相互渗透又能交互影响明显的钻石体系时，创新驱动才能得以实现。而一个国家或经济体的经济发展至少包括生产要素、投资、创新和财富 4 个驱动阶段。波特认为创新驱动阶段最重要的资源是科技和知识，可以借助市场和网络实现科技、知识和经济的一体化发展，进而推动经济的可持续健康发展。实现创新驱动战略的关键在于"驱动"，即将实现的知识创新和技术创新进一步发展，实现科技成果的商业化、产业化和社会化发展，进而成功驱动经济的飞速发展和可持续增长。

在创新驱动阶段，要提高企业的综合竞争力，使企业在激烈的市场竞争中脱颖而出并保持长期而稳定的竞争实力，就必须依靠企业的自主知识创新和技术创新，同时还需要在重要的产业群中衍生出相关的且有市场的新产业。这就要求企业自身不仅要有创新意识和创新能力，而且必须具备自主研发能力和优秀的科研团队。此外，也要引进并消化吸收其他企业的先进技术，依靠科技成果保证企业发展，使企业能够适应市场发展，并保持竞争力和竞争优势[1]。

由此可见，一个国家或地区只有充分发挥科学技术对经济发展的指导作用，才能显著提高科技成果对经济增长的贡献率，最终实现经济的可持续健康发展，提高综合竞争力。当然，要实现创新驱动，还必须提供优良的发展环境，如关于创新驱动的政策、制度、体制、管理模式和实现思路等方面都要进行创新。

1.1.3 创新驱动具有的特征

由上述分析可以看出，创新驱动要大力引导技术和科技"创新"，特别强调原始创新、集成创新和引进消化吸收再创新等自主创新的实现，促进经济的内生型增长。因此，创新驱动具有内生性、创新性特点。此外，创新驱动的最终目标是实现产业结构的高级化和知识化，因此其还具有可持续性的特征。

(1) 内生性。创新驱动的内生性特征主要体现在经济增长模式和经济运行系统两个方面。从经济增长模式分析，创新驱动是建立在自身知识和人力资本积累以及制度和文化变迁等基础上的内生型增长模式[2]。知识、人力资本、制度及文化等内生性创新驱动要素，除了具有自我积累、自我强化、自我变革的功能外，还有强大的扩散和溢出作用，可对资本和劳动力等要素进行有效改造，实现经济增长机制的全面蜕变。

(2) 创新性。创新驱动的创新性特征体现在科技创新、制度创新、体制机制创新、管理创新、文化创新等一系列创新活动中。其中，科技创新是核心和源头，包括科学和技术两个层面的创新。科技创新为制度创新、管理创新、文化创新提供了科学的方法，而制度、管理及文化的创新又为科技创新的开展提供了动力和保障。在综合创新体系作用下，产品生命周期和技术更新换代都在不断缩短，商业运营模式不断革新，全社会创新意识不断增强，鼓励创新、宽容失败的文化环境逐渐形成。创新型企业、高新技术产业的不断涌现，

---

[1] 迈克尔·波特. 国家竞争优势[M]. 李明轩, 邱如美, 译. 北京：华夏出版社, 2002.
[2] 王璇. 创新驱动湖北发展战略研究[D]. 武汉：武汉理工大学, 2013.

知识密集型服务业的比重不断提升,自主创新能力成为企业的核心竞争力[①]。因此,创新必将成为经济增长的核心驱动力。

(3) 可持续性。创新驱动的可持续性特征主要体现在以下几个方面。一是产业结构的高级化,在三次产业结构中,第三产业比重不断增加,带来了更多的就业机会;二是产业结构的知识化,在所有产业中知识密集型产业比重不断提升,知识创造了更多的社会财富,社会财富又反过来促进知识的交流、学习和共享,带动了社会教育和培训体系的进一步完善,进而形成了一种长期的可持续发展态势;三是产业结构的绿色化,在现代生产体系中利用技术创新成果,可以改变传统的以破坏环境和消耗不可再生资源为代价的经济增长模式,产业结构将呈现出资源节约型和环境友好型的绿色可持续发展状态[②]。

1.2 科技创新驱动战略的相关理论

20 世纪 90 年代以来,世界各国学者都认为创新是经济发展的内生动力,开始了对创新的研究和探索。随着研究的不断深入,逐渐形成了一系列关于创新的理论。

1.2.1 国外科技创新理论的演进

1. 技术创新理论

20 世纪上半叶,深入研究技术创新的经济学家很少,在多数经济学家建立的经济增长模型中,基本上都是将技术和制度视为外生变量[③]。1912 年美籍奥地利裔经济学家约瑟夫·熊彼特在《经济发展理论》中提出了"创新"的概念。他认为若经济没有创新,那它就是一个静态的、没有发展和增长的经济。经济之所以能不断发展,是因为在经济体系中要不断引入创新[④]。按照熊彼特的观点,创新是利用新工具或新方法创造出新价值的过程。因此,创新本身就是一个经济概念,而不是一个科学或者技术概念。20 世纪 60 年代,美国经济学家华尔特·罗斯托提出"起飞"六阶段理论,将"创新"概念发展为"技术创新"。美国国家科学基金会在其报告《1976 年:科学指示器》中提出了技术创新,并将其定义为"将新的或改进的产品、过程或服务引入市场。"该定义强调了技术的应用以及技术价值的市场实现,与熊彼特的定义是一脉相承的。因而,技术创新也不是一个技术概念,而是一个经济概念。国外的其他经济学家也从各个角度对技术创新进行了定义及研究,其研究内容广泛,主要涉及技术创新源动力、创新与市场结构选择、扩散问题等诸多方面。纵观国内外经济学家对技术创新理论的研究成果,技术创新应包括两个方面的含义:一是新颖和非连续性;二是必须获得最终的成功实现。

---

① Hospers G J. Creative cities: breeding places in the knowledge economy [J]. Knowledge, Technology & Policy, 2003, 16 (3): 143-162.
② 王璇. 创新驱动湖北发展战略研究[D]. 武汉:武汉理工大学, 2013.
③ 张淑辉. 山西省农业科技创新的动力机制研究[D]. 北京:北京林业大学, 2014.
④ 约瑟夫·熊彼特. 经济发展理论[M]. 何畏, 易家详, 张扩军, 等, 译. 北京:商务印书馆, 1990.

2. 国家创新系统理论

关于国家创新理论的探索，主要是基于系统论的角度进行，侧重于开展技术创新影响经济增长的研究。以罗伯特·索洛(Robert Solow,1957)、阿勃雷莫维茨(Abramovitz,1962)、罗默(Romer,1986)等为代表的新古典经济学派，及以施穆克勒(J. Schmookler,1966)为代表的新熊彼特学派，都忽略了国家环境和历史条件对创新活动赖以进行的特定作用。因此，之后的一些经济学家开始注重从社会经济的宏观角度来考察各国技术创新实绩的不同，进而强调从更为广阔的社会文化环境中研究不同企业技术创新行为的差异。

弗里德里希·李斯特(Friedrich List)在《政治经济学的国民体系》中首次以国家为研究对象，针对后进国家体制、经济、制度中存在的缺陷与应实行的制度方针及策略方式进行了研究。Freeman(弗里曼)等[①]在1982年探索国家创新体系，他在研究中特别重视国家的战略计划、公司开发以及致力于此的精神、指导与培育人才、企业集合搭配状态发挥的作用，注重把技术创新、组织创新与社会创新相结合。弗里曼把国家创新系统定义为："一种在公、私领域里的机构网络，其活动和行为是启发、引进、修改和传播新科技。"1990年国家创新体系研究的国际学派代表——迈克尔·波特将国际创新体系的微观机制与其宏观运行实绩联系起来，提出了国家创新系统钻石图，从竞争力角度研究国家创新体系，得出国家作为企业的外在环境发挥作用。后经纳尔逊、佩特尔、帕维蒂和伦德瓦尔等经济学家的进一步深入研究，国家创新体系理论得以发展和完善。

尽管国家创新体系理论并未直接进行技术创新动力机制的研究，也未给出具体的相关模式，但其强调政府制定战略计划和政策与创新主体的相互作用都会影响技术创新的动力值得借鉴，它为后续的深入研究搭建了一个更为广阔的平台。在国家创新系统中，不同创新主体进行创新主要是为了实现有效率地发明、引进、革新以及向外分散成果和技能，从而促使和保证国家的经济得到较高程度的提升[②]。

3. 区域科技创新理论

区域科技创新理论是一个相对新兴的研究领域，其理论起源的基础是技术创新理论和国家创新理论。区域创新系统是国家创新系统的向下延伸，其有着较宽的覆盖面，不仅包括科学创新、技术创新，也包括组织创新、政策创新、制度创新和管理创新等。国外学者对区域科技创新理论的研究，主要包括以下几个方面。

(1)概念研究。区域创新最早由英国人Cooke提出，他认为区域创新系统主要是由一定区域内有特色、相关联的、能推进创新制度的企业、科研单位等构成的区域性组织系统。该系统能推动区域内技术和知识的创新[③]。Autio认为区域创新系统是由相互作用的子系统组成的，各子系统的内部及它们相互之间的互动能够推动区域创新系统的发展。Doloreux等认为，区域创新系统包含创新活力和政体发展两个方面的内容。创新活力是指包括企业、高校、科研机构等在内的与创新研究密切联系的"知识组织"，构成的一个有支撑功能的

---

① Freeman C, Clark J, Soete L. Unemployment and Technological Innovation[M]. Westport, Connecticut: Greenwood Press, 1982.
② 张淑辉. 山西省农业科技创新的动力机制研究[D]. 北京：北京林业大学，2014.
③ Cooke P. Regional innovation systems:competitive regulation in the new Europe[J]. Geoforum, 1992, 23 (3): 365-382.

"知识型基础设施"。而区域作为一个政体,可以通过某些积极的政策和途径支持和促进创新发展。

(2) 环境研究。创新环境一直以来都是国际学术界重点研究的领域之一,主要包括不同层次区域创新环境研究、区域创新环境动态过程研究、区域内企业及地方环境与创新环境相互作用的研究以及优化区域创新环境的研究。

(3) 系统组织结构研究。区域创新系统研究的核心内容还包括组织结构研究,主要是研究区域创新系统组织的关联形式。Landwall 认为单元间的主要关联形式是"学习"[1];Pavitti 等认为其主要关联形式是"激励";经济合作与发展组织(OECD)则认为组织机构间的作用内容是"知识流动"[2]。

(4) 能力研究。区域创新能力及其影响因素的研究主要包括三个方面的内容:一是区域创新的潜力分析,通过对不同区域创新组成要素的规模、结构类型、质量等进行对比分析,来确定各个区域的创新潜力。二是区域创新的实力分析,通过创新成果的比较和定量分析来确定创新实力。但重点是对如何增强区域创新实力的研究,如 Lawson 和 Lorenz 对明尼拿波利斯和剑桥地区的实证研究[3]。三是区域创新对区域发展的影响因素研究。这类研究侧重于分析区域创新对区域经济增长、竞争力及区域整体竞争力的贡献。

4. 科技创新理论

20 世纪 80 年代以来,随着生命科学与技术、信息技术、纳米技术等高新技术的不断兴起,科学的技术和技术的科学不仅能够同时并存,而且更加日益融合,共同发展。科学和技术二者之间是相互作用、相互渗透、相互结合、相互转化的关系。因此,科技创新这一新的、统一的概念取代了原来的创新和技术创新两个概念,被世界各国、社会各界广泛关注并深入研究。科技创新的内涵和延伸是与时代经济社会发展高度统一的,它不是一成不变的,而是一个不断发展、变化的概念[4]。科技创新与政府、科研单位、高等院校、企业、组织机构等创新主体密不可分,同时也涉及人才、资金、仪器设备、政策制度等一系列要素。总而言之,科技创新是创新主体和要素交互作用下的复杂现象,同时也是一类开放的系统。技术创新是技术进步与应用创新构成的双螺旋结构,可以进一步拓宽视野。而科技创新是科学、技术和市场共同作用并推进的产物,是科学研究、技术进步与应用创新协同演进下的一种复杂涌现。管理创新不仅包括宏观管理层面上的制度创新,也包括微观管理层面上的创新。管理创新被信息技术引领的现代科技发展及经济全球化进程进一步推动。由现代科技引领的管理创新,是时代创新的主旋律,也是科技创新体系的重要组成部分。知识创新、技术创新、管理创新之间的协同互动将共同演化形成新时代下的科技创新。

国外对科技创新理论的研究早于我国,已经取得了一定的成果,且达成了以下共识:①随着知识经济时代的到来,科技创新成为经济发展的内生变量,且这一变量在生产函数中的比重逐渐增大;②科技创新的第一特性是经济范畴,真正的科技创新成果是指转化为

---

[1] Landwall B. Nationnal system of Innovation[M]. London: Priter Public,1992.
[2] Patel P,Pavitti P. The Nature and Economic Importance of National Innovation System[R]. OECD,STI,1994,NO. 14.
[3] Lawson C,Lorenz E. Collective learning,tacit knowledge and regionalinnovative clusters[J]. Regional Studies,1999,33(4):305-317.
[4] 张来武. 科技创新驱动经济发展方式转变[J]. 软科学,2011(12):1-5.

现实生产力的技术；③科技创新与其他要素之间相互影响且是非线性关系，它们共同作用于生产力，同时生产力也会促进科技创新及其相关要素的进一步发展；④科技创新不是一般的科学研究，两者之间存在一定的不可共量性[①]。

1.2.2 我国科技创新理论的发展

我国学者对科技创新的理论研究与其他发达国家相比起步较晚，但随着我国经济、科技的不断发展以及对科技创新理论研究的重视和深入，目前已获得了一定的研究成果。科技创新不仅仅是简单的发现新技术或新知识，而且要将这些新技术或新知识应用到生产生活中，并创造出相应的市场价值。

1. 科技创新的界定

何谓"科技创新"，目前学术界对其概念尚未有统一界定，但都认为其实质是对技术创新更加深入的发展。中国学者周寄中对科技创新的概念和相关理论知识进行了较为深入的研究，并在其相关研究著作中指出：科技创新包括科学创新和技术创新两个方面。科学创新主要涉及基础研究和应用研究方面的创新；技术创新主要包括试验开发、应用技术研究及技术成果商业化等方面的创新。从线性过程分析，科技创新就是从基础研究到应用研究，再到试验开发，最后将研究成果商业化的全过程[②]。

2. 科技创新与经济的关系研究

科技创新是经济增长的主要动力来源，高科技产品的研发、生产都离不开科技创新技术，谁能抢先占领科技创新的制高点，并加强科技创新成果的转化，谁就能在未来的竞争中占有优势，特别是科技产业化对中国迎接知识经济挑战、提高国际竞争力至关重要。龚建立等以浙江省为研究对象，探讨了高校科技创新能力与区域经济的互动关系，认为区域经济能促进高校科技创新能力发展，而高校科技创新成果也能推动区域经济发展[③]。陈良酞和韩新伟认为知识经济的实质是科技创新，新产品是科技创新的物质化过程[④]。赵志强[⑤]和占毅[⑥]认为经济全球化与新经济之间互为因果、相互促进，二者的发展都有赖于科技创新。王德平在《经济发展方式转变与科技创新研究》中提出，科技创新是经济发展方式转变的中心环节，科技创新居于中心环节，支撑经济发展方式转变[⑦]。董晓辉和傅婉娟认为依靠科技创新驱动，实现经济发展方式的根本性转变，既是一个重大的理论和现实问题，也是一个关系经济社会发展全局的重大战略选择[⑧]。已有大量关于科技创新与经济的研究认为，科技创新是经济增长的重要来源、重要支撑。

---

① 聂继凯, 危怀安. 国外科技创新研究评述：理论与模式[J]. 科技与经济, 2015(2)：17-20.
② 周寄中. 科学技术创新管理[M]. 北京：经济科学出版社, 2002.
③ 龚建立, 闫海燕, 王飞绒. 高校科技创新能力与区域经济的互动关系探讨[J]. 科技与管理, 2001, 3(4)：76-77.
④ 陈良酞, 韩新伟. 未来科技创新趋势与特点的一些认识[J]. 北京航空航天大学学报(社会科学版), 2002, 15(3)：37-41.
⑤ 赵志强. 连云港市科技创新能力建设及评价体系研究[D]. 南京：南京林业大学, 2004.
⑥ 占毅. 关于科技创新体系构建中的若干问题及对策探讨[D]. 武汉：武汉理工大学, 2004.
⑦ 王德平. 经济发展方式转变与科技创新研究[D]. 成都：西南财经大学, 2010.
⑧ 董晓辉, 傅婉娟. 关于科技创新驱动经济发展方式转变的再思考[J]. 甘肃理论学刊, 2014(2)：161-165.

3. 科技创新能力评价研究

科技创新是支持经济增长、提高产业竞争力的基础，也是经济发展的重要力量。经济全球化背景下，科技创新已成为各国、各地区推动经济发展、产业转型优化的核心力量。因此，建立完善的科技创新能力评价体系具有极其重要的意义，各级政府可以用其来对自身的科技创新能力进行定位，进而采取合理的战略措施，提高科技竞争力，促进地方经济发展。目前关于区域科技创新能力评价的研究已经较为广泛。李柏洲和苏屹针对区域科技创新能力评价中主观性强、信息重叠量大等问题，首先对区域科技创新能力的评价指标进行了属性简化，将混乱、复杂的问题整合为统一的研究整体，使无序化信息变得有序，进而建立区域创新能力的评价模型，并利用该模型对各地区科技创新能力进行评价，得出综合排名，从科技创新能力这一新的角度对地区发展提出客观评价，并提出相关对策[①]。巴吾尔江等运用主成分分析和聚类分析法，对我国内地30个省区市的区域科技创新能力进行了实证研究和比较分析，得出了各地区科技创新能力的综合排名，并以新疆为例，对其科技创新方面存在的不足进行了分析，并提出了相应的对策和建议[②]。蒋兴华采用层次分析法，利用灰色关联度评价理论构建了区域科技创新能力的评价体系，以广东省佛山市为样本，对其科技创新能力进行了综合评价，并根据评价结果对佛山市科技创新能力现状进行了深入分析，针对其存在的问题提出了对策性建议[③]。

4. 科技创新指标体系研究

20世纪80年代中期至今，我国的科技创新指标体系研究大致经历了两个发展阶段。第一阶段是20世纪80年代中期至90年代初。该阶段我国主要是通过参照国外的科技指标来开展工作，以科技投入为重心。1985年，我国以联合国教科文组织(UNESCO)和经济合作与发展组织(OECD)的相关科技指标为基础，首次开展了全国科技普查工作，并提出了能反映中国科技活动特点，以描述科技资源、科技活动及其产出为主体的科技指标体系。第二阶段是20世纪90年代初至今。该阶段我国以科技研究工作为基础，通过积极探索，结合国情建立了一套具有中国特色的科技指标体系，以《中国科学技术指标(1992)》一书的出版为标志。该体系主要包括科技资源、科技产出、科技活动、科技对经济社会发展的影响和技术创新5大类指标。

1.3 创新驱动发展模式的研究

只有通过知识溢出效应才能实现创新驱动，仅依靠企业自身创新提升国家的整体创新水平是远远不够的，建立以国家创新体系为基础的创新驱动战略是必不可少的[④]。

---

① 李柏洲，苏屹. 区域科技创新能力评价体系的优化及实证分析[J]. 情报杂志，2009，28(8)：80-83.
② 巴吾尔江，董彦斌，孙慧，等. 基于主成分分析的区域科技创新能力评价[J]. 科技进步与对策，2012，29(12)：26-30.
③ 蒋兴华. 区域科技创新能力评价体系构建及综合评价实证研究[J]. 科技管理研究，2012，32(14)：64-68.
④ 庞柏林. 中国农业技术创新驱动模式研究[J]. 学习与探索，2008(1)：171-173.

1.3.1 创新要素驱动模式

创新要素驱动是一个国家或地区在政府主导、社会各界共同参与下,科技、经济各部门及机构之间相互作用而形成的推动科技创新的网络系统,这是创新驱动模式的第一个阶段(图 1-1)。创新要素驱动必须依赖于国家创新体系,因此,要迅速建立以国家为主导,国有科研机构和教学研究型高校为核心的国家创新体系,从国家层面实施创新驱动战略,使原始技术投入迅速转化为创新技术。

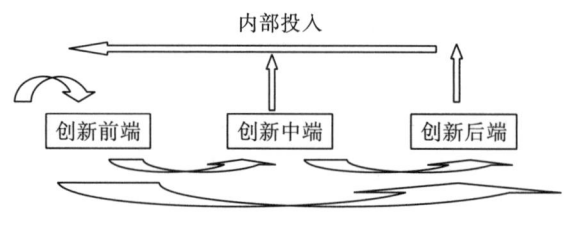

图 1-1　创新要素驱动

日本的创新要素驱动非常成功,弗里曼根据其成功的经验总结出"日本模式",日本通过国家创新系统消化吸收外来引进技术来增强本国的创新实力,其实质是国家对战略性新兴产业及其集聚发展的战略部署。在此部署中,政府发挥着战略性、关键性及外部性作用。尹政平认为,发达国家科技创新发展迅速与政府对新兴产业的战略性主导作用有着极大的关系[①]。政府主导的创新要素驱动主要表现在原始性创新、战略性研究、基础性研究和前瞻性研究。一般的私人企业,既没有能力也没有意愿进行这些创新研究的投入。而突破性创新驱动力主要来自政府部门、国有研发部门及行业龙头企业持续密集的投入。突破性创新不仅是各种创新的引擎,更是反映相应领域各方面发达程度的标志。因此,加强基础设施建设,大力培育创新型人才,才能够产生动力推动这些领域的发展,才能够为知识的获取以及生产、交易、分配提供良好平台。

1.3.2 聚集创新驱动模式

聚集创新驱动是创新的中端驱动(图 1-2),此驱动路径是将创新投入转化为创新产出,强调研发成果产业化,进而使整个行业取得更好的绩效和经济效益,即通过商业化的运作模式,创造经济效益。与要素驱动相比,聚集创新驱动对基础设施和教科文化等创新资源的要求相对较低,但其创新源来自要素创新。聚集创新驱动强调企业是创新的主体,科研成果的商业化;企业与科研院所的互动促使创新资源优化配置,从而达到聚集效应。聚集创新驱动是通过产学研的相互结合达到优势互补,提高科技成果转化效率,解决产业发展的瓶颈问题和搭建后续创新的共享平台,实现科技和产品的创新,为国家战略性发展目标

---

① 尹政平. 低碳经济与中国战略性新兴产业的发展[J]. 现代经济探讨,2012(5):14-17.

提供服务。聚集创新驱动是通过利用技术溢出、共享劳动力市场、降低交易成本等外部规模经济来确定产业区域的。同时，依托高校和科研院所，推动技术创新和产业化发展。

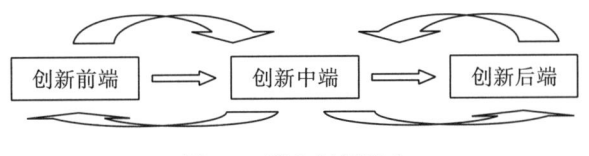

图 1-2　聚集创新驱动

1.3.3　市场需求驱动模式

创新驱动的后端是市场需求（图 1-3）。该阶段要着重解决的是实现了高科技产业化后，如何利用高科技促进社会经济发展的问题。企业利用知识"外溢"，将国家公开的优势资源和技术转化为企业自身的竞争优势；同时将这些优势与市场需求有机地结合起来，获取新的商机和占领新的市场。该阶段与聚集创新驱动相比，对科研、教育等基础设施的依赖大大减少，更多地依赖于新兴市场规模化和市场化中小企业的蓬勃发展。市场需求驱动的创新主体是企业，政府的重要工作就是为企业营造良好的市场环境，如市场的成熟度、开放程度、良性竞争等。当然，企业也应该注重培养自身的能力，可以根据市场变化敏锐地制定应对策略，迅速调整企业的发展方向，以便在激烈的市场竞争中生存下来，发展下去，因此企业的动态能力是适应市场需求最为重要的能力之一。最后，市场需求驱动还要求企业要建立与市场相适应的管理体制和生产符合市场需求的产品，如满足消费者的需求、出口贸易的需求以及政府的采购需求等。

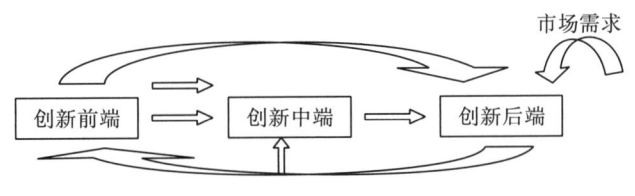

图 1-3　市场需求驱动

市场需求驱动阶段的创新动力来自市场需求，企业发展的重点方向是技术引进和消化吸收引进的技术以及再创新。此阶段用于基础研究的经费要比前两个阶段少得多，但用于技术引进、专利购买等方面的经费较多，处于价值链底部，因此要对引进技术进行再创新，争取创造更大的经济效益。

我们要根据不同的发展环境和资源条件来选择进入创新驱动战略的模式，进而实现创新驱动的路径。从短期分析，城市经济的发展受创新资源的约束较强，任何一个创新阶段的滞后都会影响整个创新系统的发展，成为创新大局的瓶颈，此时可以采取创新聚焦策略来突破瓶颈，且带动其他创新阶段的发展。从长期来看，创新阶段突破瓶颈后，就会逐渐形成创新驱动机制，利用创新网络优化机制来实现资源的优化配置，通过更加开放的网络系统来驱动创新，可以有效避免因创新动力不足而造成的创新系统钝化现象，保证创新体系的有序进行。因此，如何推动整个创新系统的升级，实现可持续创新，是创新主体和创新政策制定者都需要认真思考并深入研究的课题。

科技创新是增强综合国力、提高社会生产力、促进国家全面发展的重要战略支撑，它处于国家发展全局的核心位置，引领着国家稳步发展。全面实施科技创新驱动发展战略，对形成国际竞争新优势、实现全球经济健康可持续发展具有重要意义；同时也对经济发展方式的转变和质量的提高具有现实意义。全面实施科技创新驱动战略是一项涉及多问题、多环节的复杂系统工程，这就要求我们必须正确理解并深入研究科技创新驱动的概念、内涵及理论，进而合理安排全面实施科技创新战略的路径、策略和措施，使科技创新支撑和引领经济发展，进一步提高科学技术对经济发展的贡献率，实现经济的可持续发展，促进综合国力的提升。

第 2 章 农业科技创新驱动农业发展方式转变

2.1 农业科技创新对农业发展方式转变具有重要作用

2.1.1 发展现代农业必须以农业科技为支撑

我国是农业大国,经过长期努力,农业现代化水平持续提高,但与发达国家相比,仍有一定的差距。为了进一步强化农业的基础地位,21世纪以来连续15年的中央一号文件持续关注"三农"问题,而农业科技在农业农村发展中的支撑作用不断得到彰显。2012年的中央一号文件《中共中央国务院关于加快推进农业科技创新持续增强农产品供给保障能力的若干意见》直接以农业科技创新作为核心关键词,明确提出要"依靠科技创新驱动,引领支撑现代农业建设"。2013年的中央一号文件《中共中央国务院关于加快发展现代农业进一步增强农村发展活力的若干意见》提出,要"加大科技驱动力度"解放和发展农村社会生产力。2014年的中央一号文件《中共中央国务院关于全面深化农村改革加快推进农业现代化的若干意见》提出,要"实施……科技支撑的国家粮食安全战略",要在"强化农业支持保护制度"中"推进农业科技创新"。2015年的中央一号文件《中共中央国务院关于加大改革创新力度加快农业现代化建设的若干意见》中明确提出,要在加快现代农业建设中"强化农业科技创新驱动作用"。2016年的中央一号文件《中共中央国务院关于落实发展新理念加快农业现代化实现全面小康目标的若干意见》则明确提出了要强化现代农业科技创新推广体系建设,"农业科技创新能力总体上达到发展中国家领先水平,力争在农业重大基础理论、前沿核心技术方面取得一批达到世界先进水平的成果"。2017年的中央一号文件《中共中央国务院关于深入推进农业供给侧结构性改革加快培育农业农村发展新动能的若干意见》再次强调"强化科技创新驱动,引领现代农业加快发展"。党的十九大提出实施乡村振兴战略,2018年的中央一号文件《中共中央国务院关于实施乡村振兴战略的意见》提出要"加快建设国家农业科技创新体系……提升自主创新能力"。以科技创新为支撑是我国农业未来发展的必然选择,也是保证社会生产力和提升综合国力的重要手段。全球生态资源短缺、人口急剧增长、气候变化和极端自然灾害频发的背景下,我国已经把科技创新驱动放在了农业发展和建设的核心位置,为早日实现农业现代化,保障粮食安全生产和维持农业可持续发展提供了强大动力[①]。

2004~2018年的中央一号文件中关于农业科技创新的主要表述如下。

2004年《中共中央国务院关于促进农民增加收入若干政策的意见》。加强农业科研

---

① 梁蒙. 创新驱动、"四化"同步:农业现代化的必然要求与实现路径[J]. 农业部管理干部学院学报,2012(4):19-24.

和技术推广。要围绕增强我国农业科技的创新能力、储备能力和转化能力，改革农业科技体制，较大幅度地增加预算内农业科研投入。继续安排引进国外先进农业科技成果的资金。增加农业科技成果转化资金。支持已有科研成果的中试和大面积示范推广。引导和推动企业成为农业技术创新主体，允许各类农业企业和民营农业科技组织申请使用国家有关农业科技的研发、引进和推广等资金。深化农业科技推广体制改革，加快形成国家推广机构和其他所有制推广组织共同发展、优势互补的农业技术推广体系。积极发挥农业科技示范场、科技园区、龙头企业和农民专业合作组织在农业科技推广中的作用。建立与农业产业带相适应的跨区域、专业性的新型农业科技推广服务组织。支持农业大中专院校参与农业技术的研究、推广。

2005年《中共中央国务院关于进一步加强农村工作提高农业综合生产能力若干政策的意见》。加快农业科技创新，提高农业科技含量。加强农业科技创新能力建设。要大幅度增加对农业科研的投入，加快建立以政府为主导、社会力量广泛参与的多元化农业科研投入体系，形成稳定的投入增长机制。要不断提高国家科技投入用于农业科研的比重，有关重大科技项目和攻关计划要较大幅度增加农业科研投资的规模。深化农业科研体制改革，抓紧建立国家农业科技创新体系。加强国家基地的创新能力建设，搞好农业基础研究和关键技术的研究开发……建设区域性的农业科研中心，负责推进区域农业科技创新，开展重大应用技术攻关和试验研究……加大良种良法的推广力度……加快改革农业技术推广体系。要按照强化公益性职能、放活经营性服务的要求，加大农业技术推广体系的改革力度。

2006年《中共中央国务院关于推进社会主义新农村建设的若干意见》。大力提高农业科技创新和转化能力。深化农业科研体制改革，加快建设国家创新基地和区域性农业科研中心……加强农业高技术研究……针对农业生产的迫切需要，加快农作物和畜禽良种繁育、动植物疫病防控、节约资源和防治污染技术的研发、推广……要加快农业技术推广体系改革和建设……大力推进农业机械化，提高重要农时、重点作物、关键生产环节和粮食主产区的机械化作业水平。

2007年《中共中央国务院关于积极发展现代农业扎实推进社会主义新农村建设的若干意见》。推进农业科技创新，强化建设现代农业的科技支撑。科技进步是突破资源和市场对我国农业双重制约的根本出路。必须着眼增强农业科技自主创新能力，加快农业科技成果转化应用，提高科技对农业增长的贡献率，促进农业集约生产、清洁生产、安全生产和可持续发展。加强农业科技创新体系建设。大幅度增加农业科研投入，加强国家基地、区域性农业科研中心创新能力建设。启动农业行业科研专项，支持农业科技项目。着力扶持对现代农业建设有重要支撑作用的技术研发……加快推进农业技术成果的集成创新和中试熟化……推进农业科技进村入户……继续加强基层农业技术推广体系建设……大力推广资源节约型农业技术……积极发展农业机械化……加快农业信息化建设。

2008年《中共中央国务院关于切实加强农业基础建设进一步促进农业发展农民增收的若干意见》。着力强化农业科技和服务体系基本支撑。加强农业科技和服务体系建设是加快发展现代农业的客观需要。必须推动农业科技创新取得新突破，农业社会化服务迈出新步伐，农业素质、效益和竞争力实现新提高。加快推进农业科技研发和推广应用……推动现代农业产业技术体系建设,提升农业区域创新能力……切实加强公益性农业技术推广服务……形成多元化农技推广网络。

2009年《中共中央国务院关于2009年促进农业稳定发展农民持续增收的若干意见》。加快农业科技创新步伐。加大农业科技投入,多渠道筹集资金,建立农业科技创新基金,重点支持关键领域、重要产品、核心技术的科学研究。加快推进转基因生物新品种培育科技重大专项,整合科研资源,加大研发力度,尽快培育一批抗病虫、抗逆、高产、优质、高效的转基因新品种,并促进产业化。实施主要农作物强杂交优势技术研发重大项目。强化农业知识产权保护……加强和完善现代农业产业技术体系……开展农业科技培训,培养新型农民。

2010年《中共中央国务院关于加大统筹城乡发展力度进一步夯实农业农村发展基础的若干意见》。提高农业科技创新和推广能力。切实把农业科技的重点放在良种培育上,加快农业生物育种创新和推广应用体系建设。继续实施转基因生物新品种培育科技重大专项,抓紧开发具有重要应用价值和自主知识产权的功能基因和生物新品种,在科学评估、依法管理基础上,推进转基因新品种产业化。推动国内种业加快企业并购和产业整合,引导种子企业与科研单位联合,抓紧培育有核心竞争力的大型种子企业。培养农业科技领军人才,发展农业产学研联盟,加强农业重点实验室、工程技术中心、科技基础条件平台建设。实施农村科技创业行动、科技富民强县专项行动计划、科普惠农兴村计划,推进现代农业产业技术体系建设。抓紧建设乡镇或区域性农技推广等公共服务机构……积极发展多元化、社会化农技推广服务组织……加快发展农业机械化……创建国家现代农业示范区。

2011年《中共中央国务院关于加快水利改革发展的决定》。健全水利科技创新体系,强化基础条件平台建设,加强基础研究和技术研发,力争在水利重点领域、关键环节和核心技术上实现新突破,获得一批具有重大实用价值的研究成果,加大技术引进和推广应用力度。提高水利技术装备水平。建立健全水利行业技术标准。推进水利信息化建设,全面实施"金水工程",加快建设国家防汛抗旱指挥系统和水资源管理信息系统,提高水资源调控、水利管理和工程运行的信息化水平,以水利信息化带动水利现代化。

2012年《中共中央国务院关于加快推进农业科技创新持续增强农产品供给保障能力的若干意见》。依靠科技创新驱动,引领支撑现代农业建设。明确农业科技创新方向。着眼长远发展,超前部署农业前沿技术和基础研究,力争在世界农业科技前沿领域占有重要位置。面向产业需求,着力突破农业重大关键技术和共性技术,切实解决科技与经济脱节问题……促进农业技术集成化、劳动过程机械化、生产经营信息化,构建适应高产、优质、高效、生态、安全农业发展要求的技术体系。突出农业科技创新重点。稳定支持农业基础性、前沿性、公益性科技研究。大力加强农业基础研究……加快推进前沿技术研究……着力突破农业技术瓶颈……完善农业科技创新机制。打破部门、区域、学科界限,有效整合科技资源,建立协同创新机制,推动产学研、农科教紧密结合……完善农业科研立项机制……完善农业科研评价机制……大力推进现代农业产业技术体系建设,完善以产业需求为导向、以农产品为单元、以产业链为主线、以综合试验站为基点的新型农业科技资源组合模式……加快农业技术转移和成果转化,加强农业知识产权保护,稳步发展农业技术交易市场。改善农业科技创新条件……支持发展农业科技创新基金……着力抓好种业科技创新。

2013 年《中共中央国务院关于加快发展现代农业进一步增强农村发展活力的若干意见》。加大农村改革力度、政策扶持力度、科技驱动力度。加强农业科技创新能力条件建设和知识产权保护，继续实施种业发展等重点科技专项，加快粮棉油糖等农机装备、高效安全肥料农药兽药研发。推进国家农业科技园区和高新技术产业示范区建设。

2014 年《中共中央国务院关于全面深化农村改革加快推进农业现代化的若干意见》。实施以我为主、立足国内、确保产能、适度进口、科技支撑的国家粮食安全战略……推进农业科技创新。深化农业科技体制改革……推行农业领域国家科技报告制度……发展农业科技成果托管中心和交易市场……加大农业科技创新平台基地建设和技术集成推广力度，推动发展国家农业科技园区协同创新战略联盟，支持现代农业产业技术体系建设。加强以分子育种为重点的基础研究和生物技术开发，建设以农业物联网和精准装备为重点的农业全程信息化和机械化技术体系，推进以设施农业和农产品精深加工为重点的新兴产业技术研发，组织重大农业科技攻关……将农业作为财政科技投入优先领域，引导金融信贷、风险投资等进入农业科技创新领域。

2015 年《中共中央国务院关于加大改革创新力度加快农业现代化建设的若干意见》。强化农业科技创新驱动作用。健全农业科技创新激励机制，完善科研院所、高校科研人员与企业人才流动和兼职制度，推进科研成果使用、处置、收益管理和科技人员股权激励改革试点，激发科技人员创新创业的积极性。建立优化整合农业科技规划、计划和科技资源协调机制，完善国家重大科研基础设施和大型科研仪器向社会开放机制。加强对企业开展农业科技研发的引导扶持，使企业成为技术创新和应用的主体。加快农业科技创新，在生物育种、智能农业、农机装备、生态环保等领域取得重大突破。建立农业科技协同创新联盟，依托国家农业科技园区搭建农业科技融资、信息、品牌服务平台。探索建立农业科技成果交易中心……积极推进种业科研成果权益分配改革试点。继续实施种子工程，推进海南、甘肃、四川三大国家级育种制种基地建设。加强农业转基因生物技术研究、安全管理、科学普及。支持农机、化肥、农药企业技术创新。

2016 年《中共中央国务院关于落实发展新理念加快农业现代化实现全面小康目标的若干意见》。强化现代农业科技创新推广体系建设。农业科技创新能力总体上达到发展中国家领先水平，力争在农业重大基础理论、前沿核心技术方面取得一批达到世界先进水平的成果。统筹协调各类农业科技资源，建设现代农业产业科技创新中心，实施农业科技创新重点专项和工程……强化现代农业产业技术体系建设。加强农业转基因技术研发和监管，在确保安全的基础上慎重推广。加快研发高端农机装备及关键核心零部件，提升主要农作物生产全程机械化水平，推进林业装备现代化。大力推进"互联网+"现代农业，应用物联网、云计算、大数据、移动互联等现代信息技术，推动农业全产业链改造升级。大力发展智慧气象和农业遥感技术应用。深化农业科技体制改革……加强农业知识产权保护……健全适应现代农业发展要求的农业科技推广体系……鼓励发展农业高新技术企业……加快推进现代种业发展。大力推进育繁推一体化，提升种业自主创新能力，保障国家种业安全……实施现代种业建设工程和种业自主创新重大工程。全面推进良种重大科研联合攻关，培育和推广适应机械化生产、优质高产多抗广适新品种，加快主要粮食作物新一轮品种更新换代。加快推进海南、甘肃、四川国家级育种制种基地和区域性良种繁育基地建设。强化企业育种创新主体地位,加快培育具有国际竞争力的现代种业企业。

2017年《中共中央国务院关于深入推进农业供给侧结构性改革加快培育农业农村发展新动能的若干意见》。强化科技创新驱动,引领现代农业加快发展。加强农业科技研发。适应农业转方式调结构新要求,调整农业科技创新方向和重点。整合科技创新资源,完善国家农业科技创新体系和现代农业产业技术体系,建立一批现代农业产业科技创新中心和农业科技创新联盟,推进资源开放共享与服务平台基地建设。加强农业科技基础前沿研究,提升原始创新能力。建设国家农业高新技术产业开发区。加大实施种业自主创新重大工程和主要农作物良种联合攻关力度,加快适宜机械化生产、优质高产多抗广适新品种选育……强化农业科技推广。创新公益性农技推广服务方式……支持各类社会力量广泛参与农业科技推广……实施智慧农业工程,推进农业物联网试验示范和农业装备智能化……完善农业科技创新激励机制……提升农业科技园区建设水平……开发农村人力资源。

2018年《中共中央国务院关于实施乡村振兴战略的意见》。加快建设国家农业科技创新体系,加强面向全行业的科技创新基地建设。深化农业科技成果转化和推广应用改革。加快发展现代农作物、畜禽、水产、林木种业,提升自主创新能力。高标准建设国家南繁育种基地。推进我国农机装备产业转型升级,加强科研机构、设备制造企业联合攻关,进一步提高大宗农作物机械国产化水平,加快研发经济作物、养殖业、丘陵山区农林机械,发展高端农机装备制造。优化农业从业者结构,加快建设知识型、技能型、创新型农业经营者队伍。大力发展数字农业,实施智慧农业林业水利工程,推进物联网试验示范和遥感技术应用……建立产学研融合的农业科技创新联盟,加强农业绿色生态、提质增效技术研发应用。

2.1.2 科技是推动农业发展方式转变的根本动力

农业在国民经济和社会发展中占有重要地位,是经济发展的基础产业,农业发展方式的转变会影响经济发展方式的转变。党的十七届三中全会指出:发展现代农业,必须加快转变农业发展方式。在2010年,党中央就对农业发展方式的转变做出了重要指示,强调经济发展方式转变的重要内容之一就是农业发展方式的转变。党的十八大确立了"创新驱动发展战略",明确了科技是提高社会生产力、增强综合国力的根本保障,认为科技创新是国家发展全局的核心[1]。2015年中央一号文件明确提出要依靠改革创新驱动来加快现代农业建设。由此可见,国家把转变农业发展方式与实施创新驱动战略摆在了十分重要的位置。要实现社会主义新农村建设、促进农村经济发展,就必须转变农业发展方式。

从一些发达国家农业发展方式转变的历程来看,农业发展方式转变的过程为要素替代升级、要素组配优化到要素循环利用呈螺旋式上升。科技创新驱动是转变农业发展方式的重要支撑,农业科技创新驱动可以推动农业的增长方式由粗放型向集约型转变,农业的发展形式由消耗型转变为可持续发展型,因此,农业经济发展与农业科技创新是不可分离、相互依赖的整体,农业经济发展方式决定了农业科技创新的方向,农业科技创新则是推动

---

[1] 张丽萍,郑庆昌,李建华. 创新驱动发展新机制探索——以晋江市为例[J]. 福建农林大学学报(哲学社会科学版),2014, 17(2):1-4.

农业经济增长方式转变的内在动力,且对转变能否成功起决定性作用,二者相辅相成、互相关联,统一于农业经济发展的全过程[①]。从本质上讲,农业发展方式转变就是农业科技进步的一个过程,科技是推动农业发展方式转变的根本动力。

2.2 农业科技创新驱动农业发展方式转变的路径

约瑟夫·熊彼特的创新理论提出了农业技术创新概念。根据约瑟夫·熊彼特的思路,农业技术创新实质上是农业经营主体在农业生产体系中利用技术发明,建立一种新的农业生产函数,并创造农业新价值的过程。农业技术创新主要从以下方面驱动农业发展方式的转变[②]。

2.2.1 农业技术创新驱动农业增长由粗放型向资源节约型、环境友好型转变

随着农业产业化、工业化的发展,农药、化肥、农膜等的大量使用以及对生物资源的过度开发利用已影响到了人类健康和生态环境。农业发展的节能减排任务十分艰巨,必须依靠科技进步来形成以节地、节水、节肥、节能为中心的资源节约型农业。从发达国家的经验来看,农业技术创新可使农业生产率提高 70%。农业技术创新通过提高生产要素的生产率,从而使单位生产要素的产出增加,或者减少单位产出的生产要素使用量,实现农业增长。由主要依靠资源投入数量增加转向主要依靠资源投入生产率的提高,要素生产率在农业增长中的地位主要由农业技术创新决定,确立了农业集约增长方式。这种方式推进节地、节水及节能等资源节约型技术的创新,提高了农业产出投入比,农业生产函数的重建,促使农业发展建立在资源生产率提高的基础上,从而突破资源约束。同时,农业技术创新还有改进农业生产要素的功能,使其对生态环境更有利;还可以优化生产要素的组合,有利于集约化和规模化经营,从而消除农业生产模式对农业生态环境的不利影响,使农业生产系统与生态环境系统之间产生良性的物质、能量及信息交换,大力推动环境友好型农业发展。

2.2.2 农业技术创新驱动农业产业结构向结构优化和质量安全转变

农产品市场往往决定着农业产业结构,不同层次的社会需求将形成不同的产品结构和服务需求。我国一些主要农产品的生产总量往往居于世界前列,但是也存在一些问题,如单位面积投入量大,生产成本高,而且环境污染严重。随着消费观念和消费需求结构的变化,消费者对农产品的要求从以往注重数量转变为更加注重品质和质量安全。农业生物技术的创新使农产品的自然品质得到提高,而农产品加工、运输、储藏等技术的创新则提高了农产品的加工品质。农业功能创新提高了农业产出的生态功能、服务功能及文化功能,

---

[①] 宋桥生,娄光新,李宝喜,等. 基于转变农业发展方式的农业科技创新模式[J]. 湖北农业科学,2011,50(19):4076-4079.
[②] 朱广其. 农业技术创新、制度路径与农业发展方式转变[J]. 西南科技大学学报(哲学社会科学版),2012,29(4):22-26.

进而使农业产出结构得到优化。通过加大农业产业化技术创新和农业功能创新,一定程度上可以提升农产品质量,通过产出变化来重建农业生产函数,使得农业发展建立在现代产业之上。

2.2.3 农业科技创新与农业发展

农业科技创新与农业发展方式转变的关系如图 2-1 所示。

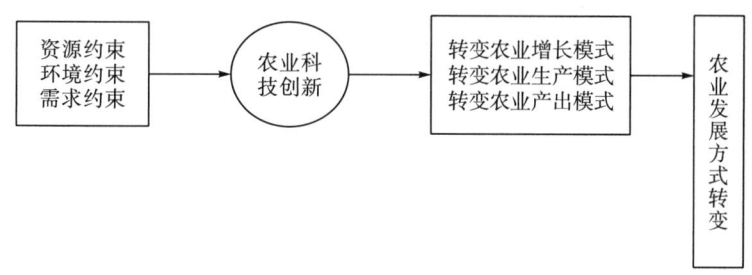

图 2-1　农业科技创新与农业发展方式转变的关系

由图 2-1 可知,农业科技创新既可以改善约束农业发展的资源、环境、需求等因素,又可以转变农业增长、生产和产出模式,进而实现农业发展方式的转变。因此,农业科技创新在农业发展方式转变中有着重要作用,能驱动农业经济发展,重建农业生产函数,形成新的农业发展方式,是驱动农业发展方式转变的核心力量。从根本上分析,农业发展方式转变的效率主要取决于农业科技创新成果的获得,而创造良好的农业科技创新条件可以有效地促进农业科技创新成果的获得。因此,农业发展方式要如何转变归根结底在于农业科技创新发展的程度。

2.3　农业科技创新驱动农业发展方式转变的机制

为了使农业经济发展更具活力,也为了使科技创新的领域更具空间,那么就必须转变农业发展方式。科技进步是农业发展成功转型的根本动力[①],农业科技创新既要为农业发展服务,也要适应农业发展方式的变化,科技自身也应该创新进步,同时进行科技资源整合,使科技发展与农业发展相适应,形成以科技创新促农业发展的新方式。

2.3.1　技术进步机制

农业发展具有多层次特点,根据农业发展要实现的目标层次的不同进行划分,完善相应的技术进步机制,或者直接将单项技术突破转变为完整的系统创新,以产业发展为导向

---

① 黄大昉. 加快推进国家创新型农业科技体系建设[J]. 中国科技产业,2006(4):24-25.

将创新要素进行集中整合，以群体的形式进行创新。围绕单个生产环节物质要素投入报酬递减问题、物质要素集约化投入、提高要素组配效率、资源合理利用、机械技术与农艺技术的综合配套等方面开展科技创新。在具体实施中，农业科研机构、农业技术推广单位、高等农业院校要密切配合，根据各地区当前的农业生产发展需求，选择一批适应当地的农业科技成果和先进适用的科学技术，特别是适应资源节约型和环境友好型，具有高产、优质、高效等特点的综合配套农业技术进行大力推广。同时以重点实验室和国家重大工程为依托，整合优势力量，创新管理模式，按转方式、调结构的思路，大力发展现代农业，确保国家粮食安全、生态安全和农民持续稳定增收，突破制约农业发展的关键、核心技术。

2.3.2 要素市场经营机制

从我国农业生产经营机制的演变历史分析，农业生产经营机制作为农业发展方式的实际载体，直接制约了农业发展方式转变的进度。农业经营体制离不开市场机制，而市场机制又是构建农业经营体制机制的基础，二者相互依托，不可分割。经济学原理中农业经营主体的雇用决策受相对价格的调节，价格升高时，生产者会利用现有的资源来替代缺乏的资源，以保证生产；或者利用新的技术手段来提高资源利用率，减少资源消耗，保证生产效率。在实际生产中，农业资源的节约利用是保护资源最关键的环节，而价格的增长程度直接决定资源节约的程度。因此，强化价格的激励作用是促进节约使用资源的有效措施。此外，要落实并完善农地市场机制。在法律上明文规定，农户绝对拥有农地的承包权和使用权，也可以参与农地价格的确定。只有使农户成为农地流转真正的利益体，其才能做出正确的、利益最大化的农地流转决策。与此同时，还要明确农地使用权的商品属性，使其在市场中的交易价格透明化，杜绝乡村干部或地方政府等干预和控制土地交易活动和交易价格，进而保护农户的利益。

2.3.3 激励机制

从我国的农业发展史看，不同时期的土地制度是由当时的经济发展水平决定的。事实上，土地制度建立的背后是一套丰富且非常复杂的激励机制，农业发展方式转变需要激励机制的推动，而农民、企业和政府是农业发展方式转变的三大主体。因此在构建完善的激励机制时，要针对主体对象使激励体系更加完整并合理利用科学技术使农业转型升级更加成功。社会公共资源由政府统筹协调，政府可以鼓励涉农企业研发新技术、提高生产效率、开发新农业产品、优化产业结构等；也可以从财政、信贷、奖励等方面对涉农企业或组织机构进行经济激励。而企业与农民之间的激励是相互的，如涉农企业可以在特定区域打造农业产业格局，打造特色农产品和知名农产品，提高农业产业化程度，促进农户增收，提高农户积极性。涉农企业还可以购买相关农业技术成果的使用权，通过技术推广途径销售给农户，这样既可以使农户利用新技术、新设备、新良种进行农业生产，也可以使涉农企业获得利润。此外，涉农企业与农户或农户专业合作社之间可以实行"企业+农户"的模式，农户负责农产品生产，企业负责销售，并签订合理、公平的合同保证双方利益，进一步推动并刺激农业的专业化、规模化、标准化生产和销售，加快农业产业化进程。

　　农业是我国的国民经济基础，也是我国重要的战略产业。农业的发展直接关乎国计民生，其发展水平也直接影响现代化建设。转变农业发展方式的关键是转变农业发展理念、方法、模式、手段等，通过科技创新驱动农业发展方式快速转变、成果转化及体制机制创新，尤其是在提高效益、优化结构、保护环境、降低能耗、带动农民增收的基础上，能够实现速度质量相协调、人口资源环境相协调、城乡发展相协调、经济社会发展相协调。农业技术创新主要是从技术进步、市场经营要素和激励机制等方面驱动农业经济发展，带动农业发展方式转变。但并不是所有的农业技术创新都对农业发展方式转变有利。

第3章 农业科技创新驱动的国际经验

农业科技创新是一个国家农业发展进步的根本力量,它包括农业科技研究和农业科技成果推广两个部分。其中农业科技成果推广是农业科技研究的后续过程,是科技成果转化的重要手段之一。

3.1 国外支持农业科技创新的典型做法

3.1.1 美国

当前,世界上效率最高、机制最灵活的农业科技创新体系是由美国构建的,其最主要的特点是投资主体多元化,如科研系统、私人系统和民间系统,都是技术创新投资的主体之一。与其他国家相比,美国农业科技创新体系中各个机构的功能定位及各机构的高效实用性是其最成功的地方。

美国最高的农业行政管理部门是农业部,该部门负责统筹协调美国农业科技创新各方面的工作。美国的农业科技创新体系主要由研究开发、推广服务、教育培训三大系统组成,具体分为公共部门、中间部门和私人部门三大类。公共部门包括农业科研、教育、农技推广机构及相应的行政管理部门等,这类公立性质的研究机构主要从事公益性质的基础类研究,且研究成果将无偿向社会公布;中间部门一般是指非营利性的中介服务组织;私人部门包括涉农企业和农户等。

美国农业科技创新体系的建立是以《哈奇法案》《莫雷尔法案》《斯密斯—利佛法案》的通过为标志,19世纪60年代以来,美国建立"赠地学院"、设立大学实验基地发展农业教育[1][2],经历了农业科学研究、农业成果推广站建设及推广站完善3个重要发展阶段,大学的主要职能是普及与农业相关的科技知识,解决农业生产中的实际问题,同时也配合农机推广站推广农业科学技术,为农业发展、农民增收、农村建设提供有力支持;而私立的科技研究机构和涉农企业主要从事应用研究和基础研究。美国以高校、科技研究机构、推广站为基本单位,形成了教育、科研和推广"三位一体"的农业科技创新体系。

为了进一步调动农民及涉农人员的积极性,加快农业发展,美国政府颁布了一系列惠农政策,用实际行动支持农业发展。①政府对农产品给予各种补贴政策,以提高农产品的生产和加工质量,促进其市场销售量;②政府财政拨款至高校、研究机构等,用于农业科

---

[1] 王俊. 发达国家农业科技发展经验对中国新农村建设中农业科技发展的启示[J]. 世界农业,2011(7):75-79.
[2] 中华人民共和国科学技术部. 国外支持农业科技创新的典型做法与经验借鉴[M]. 北京:科学技术文献出版社,2006.

研技术型人才的培养；③政府出台相关政策，鼓励金融行业为农业提供支持和保障，如农业保险、农业风险投资等；④由政府出面，全方位、多渠道打开农产品的国际贸易市场，美国每年出口到世界各地的农产品总量居世界前列，带来的农业经济效益也十分可观。

美国农业科技创新、技术与农业生产的整体实力居世界第一，其农业生产发展取得的成就，既有其优越的自然环境和自然资源作支撑，又与其农业科技发展和对农业人才的培养和重视密不可分。农业科技的发展为美国农业增产的贡献率至少有80%，使得农业生产效率大大提高。

3.1.2 法国

法国作为一个现代科技较为发达的国家，在政府的引导推动下，法国的农业科研、教育与推广体系已进入世界先进水平行列。法国的农业科研体系由国家农业部、高等农业院校、私人企业和合作社构成，从事与农业相关的基础研究和应用研究。其中，基础研究工作主要由法国农科院和高等农业院校等机构承担，基础研究经费主要来自国家的财政拨款；应用技术研究主要由各研究机构和企业的研发中心承担，其研究经费一部分由国家资助，其余部分由企业出资或研究单位自筹。法国农业研究机构按属性分为公立和私立两类，公立研究机构由国家政府部门管理，私立研究机构则由大型企业集团或合作社自行管理[①]。法国的农业推广体系相对比较健全，在中央设立了一级技术推广委员会，各省的技术顾问负责集体的技术工作，市区县则由农场主自行组织开展农业推广活动，由专人从事农业技术推广工作。法国农业科技研究工作都由农业部与科技部共同组织实施。法国农业部和相关部委设立了多家农业科研机构，其中以法国农科院(INRA)，法国农业机械、乡村土建、水利及林业中心(GEMAGREF)，食品卫生安全署(AFSSA)和海洋开发研究中心(IFRE-MER) 4大农业科研机构为主体，它们覆盖了法国农业的各大重要领域，主要从事的研究课题都与农业相关。

法国最大的农业科研机构是1946年成立的法国农科院(INRA)，它属于国家级的农业科研机构，其科研管理人员均为政府公务员。INRA在世界农业科研机构中具有很强的科研实力和竞争力，有评估机构认为它的综合实力位居世界第三。从1984年开始，INRA就由法国国家教育、研究与技术部和法国农业部共同监管，通过科立立项来确立课题，组织开展并资助相关科研活动，以保持自身的最高科研水平。INRA会定期邀请学术委员和专家对研究课题和研究工作进行评议和展望，进而保证科研水平和质量。法国农业研究的重点领域也随着法国农业发展的提高而变化：20世纪50年代，法国农业研究的重点是将从国外引进的优良品种向全国推广；20世纪60~70年代的研究重点是自主研发培育高产优质品种，并大力推广农艺技术；20世纪80年代开始，法国农业的研究开始注重农业生产的多样化，提高耕地的使用率和合理性，推广机械化农业，更加重视农产品的质量等。2001~2004年，INRA在环境和农村发展、植物学、动物学、人类食品和食物营养、生物信息和社会科学等研究领域都处于世界领先地位。INRA每年都会根据当前的科技形势和

---

① 王俊. 发达国家农业科技发展经验对中国新农村建设中农业科技发展的启示[J]. 世界农业, 2011(7): 75-79.

社会需要设置并实施具体的研究项目。目前，INRA 是一个拥有先进设备和完善体系的农业研究机构，并形成了由研究部、区域研究中心、试验站三者自上而下遍布全国的农业研究网络，促进了法国农业的现代化和可持续发展，大大增强了法国农业在国际舞台的竞争力。

法国的农业科研体系由国家、地方和农场三个级别共同组成。此外，法国的高等农业院校也设立了农业研究机构。农业科研机构既要开展课题研究，还要定期组织农业科技咨询、技术培训、成果展览活动和农业知识培训班等。目前，法国的农业研究机构还针对全国的农业劳动者缺乏相关农业知识和技术这一问题，建立了大量的乡村农业科学知识推广站，保证每个镇至少有一所农业推广站，而每一个推广站负责 5~6 个村的农业科技知识推广工作，开展科学扫盲运动，让农民成为懂知识、会技术、擅种植的新时代农民。国家每年向推广站拨款 5 亿法郎用于农民的农业科技培训工作。法国农业科技培训工作的开展非常严格，每年参加推广站技术培训的农民约占全国农民总人数的 7%。规定凡 18 岁以上的成年农业劳动者都必须参加为期一年的农业科技专业培训；而对 18 岁以下的农业劳动者的要求更为严格，首先必须参加为期 3 个月的培训，再到农场学习、经营 3 年，期满后再进行考核，合格者发给"绿色教育证书"。这样他们才能向政府申请低息或无息贷款，用于买地建房、购置农业机械等，进而从事农业生产。

3.1.3 英国

英国也是世界农业强国之一，不仅拥有比较完整的农业科研体系，而且有一支强大的农业科研队伍。英国农业研究机构由国家农业研究机构和私营农业研究机构组成，其中，国家农业研究机构包括隶属于生物技术与生物科学研究理事会的 8 个研究所和环境、食品、农业事务部所属的研究机构及大学等。私营农业研究机构则包括农业投资企业、食品工业企业、非营利信托投资和基金、合法机构和中小企业等。

英国农业推广体系由政府农业推广组织、农业协会和学校三个部分组成。从 18 世纪中期开始，英国就有组织、有计划地在全国开展农业科技推广活动，于 1946 年分别在英格兰和威尔士成立了全国农业咨询局，1971 年农业咨询局被改组为英国农渔食品部农业发展咨询局。在地方上，按郡和城镇设置咨询推广机构，进而形成了从国家到地方上下一体的农业咨询推广体系。

英国农业咨询推广活动的经费来源主要有以下 4 个：一是政府拨款；二是地方政府从地方税收中拨出一定数额的款项；三是农业发展咨询局分布于全国各地的科学试验中心、实验站等，为农场或农户做植物病虫害诊断、土壤分析等实验服务获得的服务费；四是其他组织、私人企业或公司等的资金资助。

3.1.4 荷兰

荷兰国土面积狭小，资源贫乏，是世界上人口密度较大的国家，典型的人多地少。但荷兰以高新技术为依托大力发展"农业工业"，构建了一套结构优化、发展高效的农业现代化体系。荷兰在世界农产品市场上具有较高竞争力。目前荷兰已成为世界上最大的乳品、花卉、蔬菜、猪肉、马铃薯出口国，其农产品的出口量仅次于美国和法国，居世界第三位，是极具国际竞争力的农业强国。在农业发展过程中，荷兰尤为注重对土地的集约利用，全国约有60%的土地用于农业生产，并通过不断推广应用新技术，使得荷兰成为世界农业强国。在荷兰，科技进步对国家农业增长的贡献率已超过了80%，这也使得荷兰农业具有持续竞争力。荷兰政府以农民为核心，将农业科技研发、推广和教育协同发展，形成了一个互推农业科技创新的三角架构，从而建立起了全国性的农业科技创新体系网络[①]。

荷兰的农业研究主要分为三大类，即基础研究、应用研究和实际研究。基础研究由瓦赫宁根农业大学和乌特勒支国立大学兽医学院进行；应用研究则由农渔部下属的 37 个专业研究所承担；实际研究则是在各地的实验农场实地进行。1996～2001 年荷兰进行了农业科研和教育机构的职能改革，成立了全新的农业科教中心——瓦赫宁根科教中心，具体对农业科研和教育工作进行统一的协调和组织管理。

荷兰农业科技研发系统由农业实验站、区域研究中心、研究所和大学等组成，它们有各自的研究方向和研究重点，分工明确且相互合作。早在 1876 年，荷兰就建立了第一个农业试验站，到现在全国共建成了 100 多个农业研究机构。这些研究机构大多位于荷兰海尔德兰省瓦赫宁根市及其附近，这为各个机构之间的交流和合作带来了极大的方便。而作为唯一一所由荷兰农业自然和食品质量部直接拨款的大学——瓦赫宁根大学，是荷兰农业科技研发系统的主要力量，其在农业基础研究和前瞻性研究方面颇有建树。目前，瓦赫宁根大学已基本完成私有化改革，由 9 个研究所和 2 所大学合并而成。

荷兰农业科技推广体系由 4 部分组成：①以政府为主的公益性农业技术推广系统；②以各类农业协会为主的社会经济推广系统；③以各类私营农场与私营企业为主的农业技术推广系统；④以农民合作社为主的农业技术推广系统。

荷兰非常注重农业的科技推广，采取在推广中实行综合性、多层次的服务体系，即由专业的推广机构、农业生产协作组织以及私人咨询服务机构组成的推广体系，这种推广体系对农业技术在农民中的推广起到了重要作用。国家科研机构是该农业推广体系中的主要力量，负责制定一些总体推广措施、推广计划及农业品种的调研与生产等。荷兰在农业科技成果推广上有着丰富的经验，在经费管理、体系建设、推广项目管理等方面，均形成了具有本国特色的农业科技推广体系。而在资金的筹集和使用上，给予协会与科研机构更多自主权，采取国家与私人企业共同负担的形式，建立资金来源多元化、多体系的模式，有效保障农业科技研究资金的供给，为农业科技的发展与推广提供了坚实的保障。

荷兰拥有完善的农业科技教育培训系统，其中，由农渔部和科教部共同负责农业人力资源开发与农民职业培训，是荷兰农业科技和职业教育体系的重要组成部分。农业成人教育包括初等、中等和高等农业教育。在荷兰，大部分农民不仅能熟练掌握现代农业专业技术知识，还能熟练使用和修理各种农机设备，他们还会通过互联网了解和收集相关的农业信息和市场需求。荷兰之所以拥有一批高素质的专业农民，主要得益于该国拥有完善的农业人才培养与农民教育培训体系。在对农业科技推广人员的管理上，荷兰实行垂直管理的

---

① 中华人民共和国科学技术部. 国外支持农业科技创新的典型做法与经验借鉴[M]. 北京：科学技术文献出版社，2006.

模式。同时，在人员的录用、考核与培训方面，有着完整且严格的制度，会定期组织人员对农业技术推广人员进行培训。

3.1.5 日本

日本的国土面积狭小，可耕地面积则更少，典型的人多地少。尽管日本农业生产创造的经济价值不高，但政府仍高度重视并建立农业科技创新体系，不断提高科技对农业发展的贡献率。据相关报道，日本农业在二战后的增产部分中，科技贡献率达75%以上。主要有以下3个特点：一是高度重视生态环境建设。二是通过农协组织来提高农业组织化水平，这在解决分散小农户与大市场、大流通、规模化经营之间的矛盾上取得了良好效果。三是政府采取多方式、多渠道扶持农业发展的政策。

长期以来，日本都是以国家财政来扶持农业发展，对主要农产品(尤其是大米)都采取非常严格的保护政策。从1995年起日本就开始修改本国的相关农业政策，逐步加大市场开发力度，逐渐减少对粮食的直接价格补贴，但不断增加农业人才培养、农业基础设施建设、农业资源环境保护、种植结构调整、乡村建设等方面的财政投入。在建设农业现代化过程中，为了确保农业研究和推广的公益性事业地位，日本还专门设立了相关的法律法规。日本是由国家和地方农业推广机构负责全国的农业科技推广工作，全国共有563个农业改良普及所，平均每个县有9~14个，每个所的普及人员约18人。作为发达国家的日本，其拥有规范的农业产业服务组织、先进的管理手段和一流的服务质量。不仅有比较健全的社会化服务组织，还有农户自己的服务组织。在服务组织中，决策层和管理层在体制、利益等方面都会受广大农户的制约。不同层次的农协对农业生产和农产品贸易都有极其重要的作用，这样才能将最新的科技成果尽快传递给农民。

日本为了提高其农业市场竞争力，加快本国的农业现代化建设，从20世纪50年代初开始，就以各种方式推行农业产业化经营战略。一是以提高劳动效率为先导，向农业机械要效益；二是以工业反哺农业为核心，达到吸收劳动力和支援农业的双重效果；三是以规范"兼业"为手段，创造工业与农业的"互动区间"；四是以政府力量为保障，把控农业产业化经营的发展方向；五是以发展农村教育为根本，培养高素质专业化农业人才；六是以推进城镇化为目标，将农业产业化经营推向现代农业生产。目前，日本的农业产业化模式比较成功。

3.1.6 新西兰

新西兰是世界上为数不多的以农业为支柱产业的发达国家。新西兰农业发展水平闻名世界，这与其完善的农业生产配套体系，高度专业化、机械化和市场化的农业生产实力密不可分。新西兰以国际市场为导向，以提高农产品竞争力为目的建立了一套极具特色的农业科技创新体系。这一农业创新体系涵盖的领域非常广泛，包括了农业基础性研究、应用基础性研究、重大高新技术研究、重大关键性技术研究和实用性技术开发等领域。

新西兰的农业科研工作由农渔部下属的农业科研机构(包括农业研究局、家畜健康局和咨询服务局等机构)、科学工业研究部、综合性大学和农学院承担，相关经费由农渔部和科学工业研究部提供。近年来，新西兰政府为了充分调动各个层面、各个部门从事农业科技研发的积极性，将公司化的管理模式应用到了部分科研机构和管理部门中。在新西兰，无论是国有还是私人农业科研机构，都必须参与到市场竞争中，只有这样才能促使这些科研机构根据社会的实际需求和生产中的现实问题，有针对性地、高效率地完成农业科技产品的研发与推广工作，才能快速地将科研成果转化成经济利润。新西兰通过实行产、学、研三者紧密结合的模式推动了其特色农业的可持续发展。

此外，新西兰的农业技术推广体系也基本形成，由政府、农业行业组织和农业企业共同投资支持农业技术推广工作的开展。新西兰农业技术研究和农业产业发展的可观前景和收益，也吸引了大量的社会力量参与到农技推广和农业研究的投资。新西兰的农业科技推广工作实行项目制，即每个农业科技推广项目都要有明确的项目主体和项目资金。新西兰农业科技推广的主体比较广泛，比如，农业行业组织不仅是投资者，还是技术提供者，同时也是推广者，在农业科技创新体系中具有极其重要的作用。新西兰的农业科技推广形式也多种多样，典型的推广方式就是政府举办的农业技术和农产品展览会、农业协会等组织的农业技术交流推广活动等。此外，推广人员还会单独与农场主会面，进行个人访问，针对具体的农业问题进行详细解答和指导；农场主也可以主动邀请咨询专家到农场进行技术指导，从而进行农业技术推广。除以上方式之外，技术推广者与农业生产者还可以通过邮件、信件、社交媒体等进行交流，这也是信息时代进行农业技术推广的重要手段之一。

新西兰政府非常重视农业人员的教育和专业技能培训，结合市场需求和科技发展来提高农业劳动者的综合素质，这样才能更好地保证国民经济的高质量增长和高效率运行。新西兰对农业人员的职业技能培训也非常严格，全国统一的培训标准，是由农业行业组织共同拟定的。培训结束后，国家职业资格认证局对培训结业相关材料进行审核，待审核通过后，再向全社会公布。新西兰全国各级的培训机构都是按照此标准严格地培训和考核农业人员。

3.1.7 其他国家

1. 加拿大

加拿大农业科学技术的基础和应用研究主要由加拿大联邦政府农业和农业食品部下属的研究司负责，而科研成果和科学技术的推广主要由隶属于省政府农业厅的部门负责。此外，各大涉农高校和部分私人机构也积极参与到农业科学研究和技术推广工作中。加拿大也是一个十分重视农业教育的国家，各省农业部门专门领导监督开展各市镇的农业教育和技术推广。政府在农业推广体系中仍然占据主体地位，主要由省政府专门的推广主体、国家农业科研机构、高等院校的相关机构、私人企业和农民组织这几个部分组成。

2. 澳大利亚

澳大利亚有州农业部、联邦农渔林业部和初级农业部等农业科研管理机构。政府每年向这些非营利性机构拨款,用于开展工作和建立项目。此外,农户也会提供一定金额的会费给这些机构,并向其反映实际生产中需要的农业技术和遇到的生产难题,而农业机构则会将涉农政策、市场行情和农业技术等提供给农户。澳大利亚的农业科研体系包括大学和澳大利亚联邦科学与工业研究组织(CSIRO)[①]。政府支持的农业协会或农技公司从事与农业相关的推广工作。

3. 意大利

意大利有比较庞大的农业科研机构,主要包括国家研究委员会下属的 33 个与农业相关的研究所、23 个农学院、农业部下属的农业研究委员会、国家新技术能源环境委员会的农业中心、国家食品与营养研究所、国家农业经济研究所、国家种子选育局、南方农村发展中心。在农业推广方面,意大利政府主要是通过建立科技园,利用欧盟的优惠政策支持农场主和农业协会采用新技术,发展本国的特色农业。在具体农业推广中,政府会出台一些在金融和科技经费上的鼓励措施。

4. 以色列

以色列位于地中海东南角,国土总面积约 209.1 万 hm^2,其中有 2/3 被沙漠覆盖,可耕地面积仅 43.7 万 hm^2。由于土地资源严重匮乏,因此以色列十分重视农业科技的资金投入,形成了资源高效集约化的农业发展模式。20 世纪 80 年代,科技进步对以色列的农业增长贡献率就已高达 96%。

以色列的农业科技创新体系主要是由政府所属的国立大学、研究机构、农业企业和一个专门的科技推广服务中心组成。政府是农业科技创新体系中的主角,这是以色列农业科技创新体系最主要的特点。以色列政府非常重视农业基础教育和农业发展战略。在以色列从事农业技术推广的工作人员绝大部分都是综合型人才,他们不仅要向农户传递先进的生产经验和种植技术,还要从事新技术的研究工作等。这些农业推广专家长期在一线指导农业生产,政府每年都会向农业技术推广部门拨款 1200 万美元用于开展工作,此外每年从各大农场获得几百万美金的会费也用于农业技术推广工作。

5. 韩国

韩国一直以来都面临着地少人多的局面,有 25%～30%的农产品都必须依靠进口。为了提高农产品的自给率,韩国政府非常重视农业和农业科技的发展,并制定了促进农业科技发展的法规。1962 年 3 月,韩国废除了殖民统治时期的《农业研究教导法》,重新制定了《农业振兴法》,以促进本国的农业发展。韩国自 1970 年开展新农村运动以来,一直实行以工补农、向农业倾斜的政策,政府对工业和商业流通所获得的收入增加 5%的工业特别税,将此资金用于建设农业现代化。这些资金中的一部分用于补贴农业,如修路、修建温室大棚等;另一部分用于农业科研和教育。经过长期的努力,韩国农业发展取得了较显著的成果,已由大米进口国转变成了大米出口国。

---

① 胡志丹,王奎武,柏鑫,等. 国外支持农业科技创新的典型做法及借鉴[J]. 农村经济与科技,2010,21(1):84-86.

20 世纪 60 年代以来，韩国的现代农业发展非常倚重农业协会。农协主要是围绕农业和农村社区福利开展工作，包括购买生产要素，资金存贷，农产品储存、加工、运输、销售等一系列工作以及与农业有关的研究、出版和教育等支持性活动。针对国民经济和农村的新情况，韩国还提出了一项发展农业的新举措，即产、学、管、研一体化。通过政府、科研机构、学校和农民的全方位合作，逐步形成了种养加、产供销、农工商、内外贸、经科教一体化的生产经营体系，大大提高了韩国农业的国际竞争力，也使得农业成了自主、自立、可持续发展的经济部门。韩国的各市、郡共设有 162 个农村指导所，主要负责农技推广工作。

6. 巴西

巴西的农业科研体系主要由农业部、国家农牧业研究院、各州研究所、农业院校和私营企业组成。巴西的农业科研推广应用体系是以国家性质的农业科研机构为核心，向下建立区域性的研究开发中心或农业技术推广服务站，实现农业科研机构与农业企业的密切结合，促进科研开发成果的转化[1]。巴西以政府推广体系为主导来开展农业技术推广工作，将有偿和无偿服务相结合实行。推广体系由州、市两级政府部门(农业局)、农业科研机构、农业技术推广企业和农村合作社等组成。基层农业技术推广组织有农业技术推广站和农业社团组织两种。

7. 西班牙

西班牙的农业科研由教育与科学部(原为科技部)统一管理，而农业科研体系则主要由国家级农业科研机构、自治区农业研究所以及农业企业构成。公共研究机构与农业企业紧密结合，积极参与相关的农业科研项目。教育与科学部下属的两个国家级农业科研机构，即国家农业与食品技术研究院(INIA)和全国最高科技理事会(CSIC)，主要负责全国的农业科技创新。其中 INIA 是西班牙国家级农业综合研究与开发机构，主要开展农业的基础研究与应用研究，还负责全国国际农业科技的交流与合作。CSIC 是西班牙的综合公共研究机构，主要职能是开发对社会有用的技术。目前，西班牙的农业经营已经实现了公司制，因此很多大型企业也参与到农业科技研究中，如西班牙高效农业集团(GRUPO GEARA)、特拉哥萨(Tragsa)公司和西班牙节水灌溉与农业综合开发集团(GEREAEIA)等。

西班牙的农业推广体系在传统农业向现代农业转化的过程中起着重要作用，其中农业技术推广局的贡献尤为突出。西班牙的农业技术推广工作是由农业技术推广人员直接深入农村一线开展的，技术人员"面对面、手把手"地将新技术教授给农户。1988 年开始，西班牙政府建立了以科研成果推广办公室为主，包括农业协会、企业以及合作社等在内的综合推广体系，以进一步加强农业科技成果转化。

---

[1] 胡志丹，王奎武，柏鑫，等. 国外支持农业科技创新的典型做法及借鉴[J]. 农村经济与科技，2010，21(1)：84-86.

3.2 国外农业科技创新的经验借鉴

虽然美国、法国、英国等发达国家农业科技创新发展的战略、体系、过程和水平各不相同，各有特色，但它们的成功经验和方法都非常值得学习和借鉴。

当前，如何使农业科技创新主体迅速、有效地进行科技研发以及如何使创新成果快速推广应用到生产中，并产生良好的经济、社会和生态效益，这一系列问题都是各国政府需认真思考并要迅速提出解决策略的重要问题。发达国家农业创新体系最主要的特点是创新主体多元化，私立研究机构和农业企业都是技术创新的主体，使得创新体系更加完善，创新机制更加高效。

3.2.1 完善的国家农业科研体系

农业是国计民生的基本保障、国民经济的基础产业，世界上绝大部分国家都非常重视本国的农业生产和农业科技研发，都将提高农业创新能力作为促进农业生产的第一要素。在研发能力方面，大多数发达国家都已建立并逐步完善了农业科学技术的研究开发体系。目前的一般模式是：根据科研侧重点的不同，利用市场调节机制，在国家农业主管部门的监督、管理和协调下，设立不同层次的科研机构，包括国家、地方和民间机构。如美国的农业科研系统是由农业部等国家政府部门下属的研究机构及农业院校和各州研究机构以及农业院校、企业与民间组织的研究机构等构成。法国建立的是公立研究机构，由政府各部委监管，如国家农科院。其农业科研体系是由国家农科院、各省各地区农业科研机构、大型企业的私立研究机构以及高等院校共同组成。全世界的农业强国基本都是按照上述框架来搭建本国的农业科研体系的，如日本、英国等。

3.2.2 政府发挥举足轻重的作用

政府作为推广农业科技的主体，在提高农业科技创新体系的运作效率上发挥着重要作用。政府通过宏观调控，综合运用财政、经济、法律等手段促进创新主体之间的协调沟通，为农业科研体系建设营造较为良好的环境和建立有效的运行机制，进一步促进科研体制改革，培育创新主体，加强创新主体间的合作与互动，鼓励各创新主体相互间进行有效合作，参与良性竞争。

利用政府作用推动农业研发工作，主要体现在以下几个方面：一是通过制定国家农业科技研发计划，进行全国农业科技规划与协调。二是确定科研优先领域并据此分配科研资源，确保实现具有长远性、影响范围广的战略科研目标。考虑到生物技术在未来具有广泛的应用前景，美国、德国、英国均在基因研究及生物技术研究领域重点投资。三是创造良好的农业科研环境，引导涉农企业等民间力量积极介入农业科研事业。政府主要通过行业监管、税收优惠、风险融资、贷款担保、搭建合作平台等措施来鼓励私有研发活动。四是系统评价和检查农业计划执行情况，确保研究开发工作的质量与效率。

3.2.3 高效的农业科技推广体系

农业科技推广也是实现农业科技创新的关键要素之一，它在农业科研成果能否真正应用于生产实践中起到了至关重要的作用。在农业科技推广工作中，虽然各国采用的工作方式差别较大，但都有一个共同特点，即由国家和地方政府所管辖的部门共同参与，由政府或政府资助的公益部门共同完成。建立多渠道、多层次、多形式以及高效敏捷的社会化农业科技推广服务体系，逐渐促使农业科技推广主体走向多元化，是当前世界农业科技推广工作的发展趋势。

当前世界各国的农业科技推广体系大致可分为 3 类：一是政府主导型，日本和巴西是这类推广体系的代表。日本全国的农业技术推广工作都是由农林水产省农产园艺局主管，各都、道、府、县政府都设有农政部，负责本地农业技术推广的行政管理工作。再通过政府的农业改良推广所和农协进行推广服务，从中央到地方形成了一套完整的科技推广体系。二是政府、研究所、农业院校、企业等多方参与型，以美国、加拿大、澳大利亚为代表。以美国为例，其农业技术推广体系主要由联邦农业推广局、各州农业技术推广站和县农业推广办公室组成，联邦推广局对全国农业技术推广工作进行宏观管理和协调。各州推广站的核心推广体系由各州立大学的农学院管理，而州推广站直接与农场保持联系，随时为农场提供最新的科技成果和技术支持。三是非政府组织主导型，以法国和丹麦为代表。丹麦的农业科技推广是以民办为主的农业咨询服务活动，设立了全国农业咨询中心和地区农业咨询中心，包括农民联合会、合作社、家庭农民协会等非政府性质的农业组织与机构，这些咨询中心由农民联合会和家庭农民协会共同管理，承担农技推广工作。

美国以大学为中心，形成了科研、教育与推广三位一体的农业推广服务体系。从组织上看，由"赠地大学"统筹安排美国各州农业的教育、科研和推广活动，州研究农场和州农业合作推广站等机构都隶属于"赠地大学"，这样的机构设置不仅有利于提高各组织、各部门间的工作效率，而且利于教育、科研、推广之间的相互促进、相互协调，进而使得整个系统的运作效率大大提高。从运行上看，除了县级现场推广人员外，"赠地大学"许多教授都要身兼教学、研究和推广的多重任务，他们可以通过日常教学工作，使科学研究成果进一步理论化、系统化，进而形成新的科学知识，同时结合在推广工作中发现的实际问题来设计针对性的教学内容，进一步缩小课堂与现实、理论与实践的差距；通过农业科研工作，可以使学生和农业生产者及时了解相关领域的最新研究动态、发展方向和应用前景，这样也可以在很大程度上丰富教学和推广内容。在推广工作中，这些教授既可以及时给农业生产者传播最新的科研成果和技术，又能够在推广中将科研成果和技术进一步完善，也能够根据生产实践筛选新的研究课题。美国三位一体的农业推广体系既保证了各州的农业教育、科研和推广活动自成一体；也提高了整个教育、科研、推广工作人员的综合素质和总体水平，进而使得农业科技成果转化效率提高。

3.2.4 多元化的资金筹措机制

农业科技创新资金筹措的渠道随着经济发展逐渐多样化，私人农业科技创新投资的比重随着私人部门对创新投资的重视而不断上升。各国建立了多样化的投资渠道和相对完善的制度，由中央和地方政府及相关公共部门共同参与科研推广活动，并取得了良好的效果。

1. 科研研发投入

农业科研研发资金的来源不仅包括政府公共投入，还有企业、基金、协会等私营渠道的投入，但二者之间是存在区别的。政府投资在基础研究领域中占据主导地位，但在应用性较强的机械、生产、加工等领域私营投资的占比更大。如美国农业科研经费主要由联邦政府、州政府和私营企业投资，联邦政府侧重于对基础性、前沿性农业科学研究的投资；州政府的投资主要用于有利于经济发展的科研领域的研究或实用技术开发；企业投资则更多用于盈利产品的开发。美国农业企业也会投资农业科研项目，在农产品生产、食品加工、农业机械研发、农业种植技术及家畜饲养技术中都有不同比重的投资。农业科研投资除了国家拨款外，还能从企业及产品销售、技术服务等中获取资金投入。1983年至今，美国私营渠道对农业研发的投资逐步取代了公共投资的主体地位。法国、澳大利亚等农业发达国家的农业科研投资模式与美国相似，基础研究的资金主要由国家财政拨款，而应用技术研究的资金部分由国家资助，部分来自社会商业引资。

2. 科技推广投入

有偿和无偿服务相结合是世界各国农业技术推广工作常用的模式，农业科技推广经费来源十分多元化。如美国农业科技推广的经费主要由联邦政府、州政府、县政府以及企业共同出资，其中联邦政府占29%，州政府占47%，地方政府和私人企业共占24%。除了上述这些资金支持外，还有各种私有基金会、农场捐款、工商企业及农业部推广教育基金等。英国农业科技推广工作的经费来源包括政府拨款，每年5000多万英镑；地方政府地方税收中的部分拨款；全国各地的农业生产咨询服务，实验服务，土壤、饲料成分分析，植物病虫害诊断等服务筹措的经费；以及其他组织、私人企业或公司资助4个渠道。丹麦"农业咨询中心"每年的经费由农业部拨款20%，其余均由农民协会自主解决。澳大利亚农业技术推广经费由政府支持70%~80%，20%~30%来源于行业协会、公司资助、商业活动及单位创收等非政府渠道。

研究发现，无论是发达国家还是发展中国家在农业科技推广中的部分公益性资金都有各级政府部门的财政拨款，虽然发展中国家对政府的依赖性更高，但其政府财政拨款到农业研究的额度远远低于发达国家。世界各国都非常重视农业科研投入强度的保持，既保证国家对农业科技的财政投入预算，也要充分发挥政府的引导和政策导向作用，鼓励并吸引社会各界为农业科技创新体系的建设进行资金投入。政府大力扶持由政府科技系统、农业科研机构和推广机构以及农业高等院校等组成的公益性农业科技推广系统，而将经营性功能剥离给农业协会与合作经济组织以及涉农企业等。

3.2.5 庞大的农民合作社或协会组织体系

农户是世界各国农业生产的基本单元，但其经营规模有所差别。美国、法国等国家的农户经营规模大，荷兰、日本等国家的农户经营规模相对较小。

农户在农业科技创新体系中有着不可取代的地位，既是农业技术的主要接受者，也是农业科技创新效益的实现者。由于各国的经济、社会、文化等存在较大差异，因此各国农户组合的方式和程度都有所不同，将在很大程度上影响本国的农业发展。农民合作社和协会组织在各国农业创新发展过程中都有重要作用。农民协会组织根据政府与组织的关系，分为官办型、民办型、民办公助型；根据组织功能的不同，分为综合型和专业型；根据服务类型的差异，分为销售和加工服务型、物资供应服务型、信贷服务型等；根据会员与组织之间经济关系的紧密程度，分为松散型与经济实体型。

3.2.6 统筹的协调联动机制

各国的农业科技创新机构设置有所不同，特别是部分国家机构隶属相对分散，要如何对这些机构进行协调是一个十分突出的问题。为此，各国采取了不同的协调机制。

美国采用的是层次分明、职能结合的管理机制。美国农业科研组织的规模庞大、主体多元化，布局合理、分工明确且各有侧重。隶属于美国农业部的科研机构要负责全国 40% 左右的公共研究任务；地方性农业科研教学和推广工作基本由各州立大学农学院承担，并接受农业部派发的相关任务；而具应用价值的技术开发研究通常由私人农业研究机构承担。各研究主体的最终科研目标是为农场主服务，根据农场主提出的在实际生产中发现的问题来确立科研课题，且大部分课题需要进行多学科的综合研究，由农业科研人员、经济学家和社会学家共同参与。

法国农业研究院和农业教育都隶属于农业部，农业科研经费由农业部统一协调，主要来自研究技术部。荷兰的农业科研、教育和推广服务三个部分既自成系统又彼此联系、相互依赖，构成了稳固的"三角形"支撑模式，被称为荷兰农业的"三大支柱"。为了更好地协调科研、推广、教育三者之间的关系，荷兰政府专门设立了联络办公室，建立了统一的农业科技管理体制和机制。韩国为了避免农业科研课题研究重复的现象，专门成立了农村振兴厅对全国农业科研、教育和农技推广工作进行统一管理和指导，对每年申请的科研课题进行统一审核、鉴定。

第 4 章　农业科技创新驱动现状分析

4.1　四川农业科技创新驱动发展现状分析

四川位于中国西南部,是连接南部、西北和中部的重要地区,辖区总面积 48.6 万 km^2,辖 21 个市(州)、183 个县(市、区),是我国的资源大省,有着丰富的农业、矿产、天然气等资源。2017 年末,四川省的常住人口 8302 万人,地区生产总值达 36980.2 亿元,整体经济增长态势良好,增速为 8.1%,全省地方一般公共财政收入 3579.8 亿元,增长 9.5%,全省经济社会发展稳中有进。

四川作为西部经济大省、科技大省和资源大省,以占全国 4.5%的耕地,养活了全国 6.8%的人口,并常年向外省输出大量农产品。四川农业和农村经济的飞速发展,得益于农业科技的支撑和引领。"十一五"以来,四川农业和农村经济结构进一步优化,农业综合生产能力明显增强,农产品核心竞争力明显提高,农村经济持续增长,农民收入稳定增加。经过几十年的改革与发展,四川农业科研、农技推广、农业教育和农民技术组织等得到迅速发展,初步形成了科研、推广、教育相衔接,省、市、县、乡相贯通,事业、企业、群众性组织相配合的农业科技创新体系。

近几年,四川省农业科技创新虽然取得了一定的成绩,但创新能力相比国内发达城市还有一定差距,与发达国家相比,更是差距显著。同时,还存在一系列与现代农业产业发展不相适应的亟待解决的问题,这就迫切要求四川省必须加快农业科技创新的步伐,自主研发更多的新技术和新成果,以增强全省的农业科技核心竞争力,完成要素驱动向创新驱动的过渡,全面实现科技创新支持农业发展的目标。

4.1.1　农业科研综合实力不强

四川省农业科研的整体综合实力比较薄弱,主要体现在以下 5 个方面:一是高校学科结构、专业设置不合理,机构设置重复交叉。二是农业科技体制复杂,层次不清,效率低,科研机构、科研团队的科研能力不强,另外设定的农业科研方向不够明确,科研任务还不能完全适应现代农业发展需求,解决农业生产实际问题的能力还比较欠缺,限制农业科技成果转化的因素较多,科技成果的转化效率低下,每年不足 40%。三是在农业科技项目的研究中,对高新技术和实用技术的自主研究很少,一般对此类技术都是采用引进和引进改造的方式,着重于常规技术的研究,导致形成的具有自主知识产权的高新技术成果极少。四是整合农业科技的能力不强,农业科技团队的研究各自为政,课题研究分散且低水平重复的现象较为严重,团队之间缺乏交流合作,效率低下。五是农业产业规模小、效益低,企业经营管理不规范，涉农企业的技术研发团队少，能力较薄弱，对农业科技创新的号召力和影响力也比较小。这就需要四川省加快构建一支结构完善、科研能力强的科研队伍，鼓励农业企业组建自己的科技创新团队。

4.1.2　农业科技创新资金投入不足

四川省农业科研经费投入不足在一定程度影响了全省农业科技创新的发展。近年来，四川省财政投入到农业科研上的资金偏少，拨款增幅很低，且农业科技财政支出占财政总支出和农业财政支出的比例都很低，制约了农业科技发展。此外，社会资金投入有限，且不稳定。由于农业科研和农业生产领域都具有周期长、低效性、风险大等特点，以及农业科技研究的外部性和农业技术的公共产品性，导致社会资金尤其是风险性资金很难投到农业领域，制约了四川省农业科技研发和成果转化推广的发展。再加上四川省的农业科研机构及其管理部门结构复杂，导致管理分散，很多中间环节都会造成人力、物力以及资金的浪费，使得有限的经费的使用效率大大降低。因此，四川省应该全力保障对农业科研的资金投入，同时建立一支专业的管理队伍，提高工作效率和资金利用率。

4.1.3　农业科技创新体制机制不完善

虽然，四川省是资源大省，但并不是科技成果转化强省。目前普遍存在的资源分散、成果闲置、导向偏离和产业技术创新能力薄弱等问题尚未解决，其根本原因在于管理体制和运行机制在诸多方面与市场经济要求不相适应。总体来看，目前四川省的农业科技创新体制和机制尚未完全建立，集中表现在以下几个方面：一是农业科研院所、大专院校等科研机构相对独立，缺乏统一协调的领导机构和信息共享机制，科研力量交叉重复多，资源浪费严重。二是科研、开发与生产相脱节，产学研不协调，农业技术创新过程不畅，大量的科研成果没有转化为现实生产力。三是农业技术创新资源分配不当，农业科研项目的确定、农业技术的推广，仍然是由政府集中决策和行政推动，农业科研院所和农业高等院校大部分课题结题后，其成果束之高阁或采用率不高。四是激励机制不健全，农业科技创新动力不足，人才流动机制不够完善，缺乏有竞争性的聘用制度和有效的人才激励机制，存在人才引进难、留住难等难题。

4.1.4　农业科技创新人才稀缺

农业科技创新人才缺乏限制了四川农业科技的发展，一是缺乏农业科技拔尖人才和学科领军人物，导致高新技术的研究相对滞后；二是缺乏市场意识强、管理水平高、开拓能力强的开发型人才，导致农业科技产业化发展缓慢；三是科技人才地域分布不合理，多数集中在成都、绵阳等经济条件较好的地区，而在经济欠发达的甘孜、阿坝等地区，其农业科技人员比例不足全省的 1%，在一定程度上制约了四川农业科技创新综合能力的提升。

4.1.5 农业科技创新成果转化速度慢

在农业生产中，农业科技创新成果是一种潜在的生产力，加快转化为现实生产力才是促进农业经济发展的关键。四川省农业科研与技术推广脱节是非常突出的矛盾，导致科技创新成果转化效率低。农业科研院校的科研项目与企业、农户的经济社会条件缺乏一致性，针对性不强，农业研发部门在盯紧市场、瞄准需求方面做得不够，科技成果供需严重脱节，科技成果成熟度较低，大面积推广应用的突破性品种少以及关键共性技术研究少等现象同时存在。

4.1.6 农业科技创新缺乏金融支持

农业科技创新需要金融行业的大力支持，需要雄厚的资金作保障，但目前我国金融支持科技发展的体系还不完善，存在一系列亟待解决的问题。在政策方面，我国金融资源大多流向发展比较成熟的传统行业和大中型国有企业，而急需融资和贷款进行科技创新、技术瓶颈突破的新兴行业、中小型企业等缺乏筹资渠道，同时也缺乏相应的政策扶持。在金融环境方面，为了降低金融投资的风险性，各大银行更偏重将信贷资金投放至大行业、大企业、大城市。此外，某些创新型企业申请贷款时，手续烦琐、耗时长久且条件苛刻而很难贷款成功。在资本市场领域，我国多层次资本市场建设相对滞后，融资方式单一、渠道缺乏，在创新型企业方面的融资工具及市场则更加落后。

4.1.7 创新成果转化效率较低

只有将技术转化为生产力，将技术进步与生产实践和商业化结合起来，才能使科学技术真正为人类社会做贡献，促进生产力水平的提高和社会经济的发展，这样才是真正意义上的实现了技术创新。当前，由于科技成果转化机制和相关支持体系不完善，转化信息也严重不对称，导致我国的创新成果转化率远远落后于发达国家。统计数据显示，2018 年我国的创新成果转化率仅在 25%左右，技术进步对社会经济增长的贡献率也仅有 29%左右，远远低于发达国家 60%~80%的水平。创新成果转化率低，不仅对创新积极性有严重的影响，而且阻碍了创新驱动发展战略的实施。

4.2 四川特色农业产业发展的技术效率分析

4.2.1 四川油菜生产效率分析

油菜是产油效率较高的油料作物之一，在中国食用油供给中具有举足轻重的地位，油菜产业的稳定健康发展是中国植物油供给安全的重要保障[1]。四川省是长江流域油菜优势发展区域，常年油菜种植面积80.4万～100.5万 hm^2，位居全国第三；总产量为180万～220万 t，位居全国第二；消费总量约占国内消费的25%[2]。油菜是四川第一大油料作物和不可替代的冬季作物。2015年国家取消油菜籽临时收储政策，油菜籽收购价格大幅走低，农户种植收益明显下滑，加之沿海油厂产品开始向内地扩张，诸多问题涌现，如成本价格抬升、农民不卖、油厂不收、竞争力不强等，导致四川油菜产业发展受到剧烈冲击。竞争力是维护四川油菜产业健康稳定发展的关键要素，而生产效率则是竞争力的核心要素[3]。然而，在耕地面积受约束、资源短缺、资金来源不足等条件下，降低油菜种植的单位成本，提高生产效率是解决当前问题的有效途径之一[4]，对促进油菜增产、农民增收、农村和谐稳定发展具有重要的现实意义。

目前，已有大量文献探讨了国家和地方的农业生产效率及其影响因素和变化趋势。Ball 等对包含美国在内的10个国家的农业效率进行了研究，认为资本积累与生产效率增长是相互促进的[5]；Armagan 等使用数据包络分析方法（DEA）和非参数的曼奎斯特（Malmquist）生产力指数来衡量土耳其 NUTS1 地区 1994～2003 年作物生产的全要素生产率[6]；Tung 利用 DEA 模型研究了 2002～2010 年间越南湄公河三角洲水稻生产技术效率和规模效率的变化趋势[7]；Li 等使用 DEA 模型和 Malmquist 指数，深入研究了四川西北高原 31 个县农业生产率和全要素生产率的变化趋势[8]；张召华和雷玲[9]、秦钟等[10]分别采用 DEA 和截取回归模型（Tobit）结合、时间窗与 DEA 结合的方法，测算了陕西省 2002～2008 年、广东省 1994～2007 年的农业生产效率；王冬冬和李晶引入 Malmquist 指数分析法，对陕西省 2003～2012 年的农产品生产效率进行了静态和动态变化实证分析，并揭示了影响其农业生产效率的因素[11]。

国内学者对中国油菜的生产效率进行了测算及分析。沈琼采取 DEA 分析方法，计算了 2003 年中国油菜籽各产区的技术效率和规模效率，得出 2003 年油菜籽生产技术效率和规模效率低下的结论[12]。李然综合应用 DEA 模型、Tobit 模型、Malmquist 指数、生产函

---

[1] 李晓，杜兴端，陈春燕，等. 四川省油菜种业竞争力评价[J]. 南方农业学报，2015，46(2)：349-355.
[2] 林方龙. 2013 年四川省油菜籽市场形式分析及展望[J]. 四川农业科技，2014(4)：4-6.
[3] 刘成，冯中朝. 中国 2002～2012 年冬油菜全要素生产率分析——基于冬油菜产区九省市的研究[J]. 湖北农业科学，2015，54(15)：3838-3840.
[4] 王冬冬，李晶. 陕西省农产品生产效率统计度与评价——基于非参数 DEA 前沿的实证分析[J]. 数学的实践与认识，2015，45(8)：103-109.
[5] Ball V, Bureau J, Butault J, et al. Levels of farm sector productivity: An international comparison[J]. Journal of Productivity Analysis,2001(15)：5-29.
[6] Armagan G, Ozden A, Bekcioglu S. Efficiency and total factor productivity of crop production at NUTS1 level in Turkey: Malmquist index approach[J]. Quality & Quantity,2010,44(3)：573-581.
[7] Tung D T. Changes in the technical and scale efficiency of rice production activities in the Mekong delta, Vietnam[J]. Agricultural and Food Economics, 2013(1)：16-27.
[8] Li P, Su C, Sun L, et al. Spatial-temporal evolution pattern of agricultural productivity in northwestern sichuan plateau[J]. Mountain Science,2013，10(3)：418-427.
[9] 张召华，雷玲. 陕西农业生产效率评价以及影响因素分析——基于 DEA-Tobit 两步法[J]. 农业化研究，2011，33(5)：39-42.
[10] 秦钟，章家恩，骆世明，等. 基于 DEA 时间窗分析的广东省农业生产效率评价[J]. 中国生态农业学报，2011，19(6)：1448-1454.
[11] 王冬冬，李晶. 陕西省农产品生产效率统计度与评价——基于非参数 DEA 前沿的实证分析[J]. 数学的实践与认识，2015，45(8)：103-109.
[12] 沈琼. 我国油菜籽生产效率的 DEA 测度及分析[A]//2005 年全国中青年农业经济学者年会论文集：和谐社会与农村发展[C]. 北京：中国农业出版社，2005.

数法和经济增长收敛理论对 2001~2007 年中国油菜生产的全要素生产率进行测算和收敛性检验,得出中国油菜生产技术效率水平较高,各地区油菜生产技术效率差异较小的结论[1]。田伟和李明贤利用随机前沿分析(SFA)模型测算与分析了 1998~2007 年中国 14 个主要油菜产区的生产技术效率[2]。田涛等运用 DEA 模型及差额数值、效率强度、效率值等多种分析方法,测算了安徽省 17 个地市 2005~2010 年的油菜生产相对效率,提出了非 DEA 有效的地市改善到 DEA 有效选择的基本路径[3]。陈静等用随机前沿生产函数的全要素生产率(TFP)核算与分解模型,实证分析了 1999~2012 年中国的油料作物油菜、大豆、花生的 TFP 增长及其构成成分,对技术效率背后的影响因素进行估计[4]。刘成和冯中朝[5]采用 Malmquist 指数法分析了中国冬油菜主产区 2002~2012 年的 TFP 变化情况,得出技术进步是影响 TFP 的主要因素。

综上所述,农业生产效率的研究一直倍受国内外农业经济学家的关注[6]。然而,中国学者针对油菜生产效率的测算分析相对较少,研究范围大多停留在国家层面,针对地方的研究极少,对各省油菜产业的指导作用不强;研究测算的时间大多在 2012 年以前,对当前油菜产业发展不能起到很好的预见性作用;研究方法大多采用经济效率测算方法 SFA、DEA、TFP、Malmquist 以及它们之间的综合应用,采用扩展 DEA 方法的却很少,尽管 DEA 方法被认为是到目前为止构造最好的非参数效率度量方法[7],但一般的 DEA 模型无法对有效决策单元进行进一步的分析,而扩展的 DEA 模型则可以弥补这一缺陷。

本研究采用扩展的 DEA 模型,探讨 2008~2014 年四川省油菜的生产效率及其变化趋势,找出影响油菜生产效率提高的主要因素,探讨四川油菜增产的原因,提出进一步改进生产效率的措施;同时将四川油菜的生产效率与具有油菜比较优势的其他 6 省进行比较分析,探寻四川油菜的竞争优势,从而为相关管理部门制定当前四川油菜产业发展规划和战略决策提供一定的理论依据。本研究对充分了解四川省油菜生产状况、提高农民种植积极性具有重要的现实意义。

1. 模型构建及数据来源

1) 模型构建

DEA 方法是由 Charnes 等[8]提出的数据驱动型(data-driving)方法,避免了确定权重时的主观性[9]。DEA 的原理主要是通过保持决策单元(decision making units,DMU)的输入或者输出不变,借助数学规划和统计数据确定相对有效的生产前沿面,将各个决策单元投影

---

[1] 李然. 中国油菜生产的经济效率分析[D]. 武汉:华中农业大学,2010.
[2] 田伟,李明贤. 基于 SFA 的中国农业生产技术效率分析——以油菜生产为例[J]. 生产力研究,2009(12):55-58.
[3] 田涛,许晓春,周可金. 安徽省各地市油菜生产效率研究——基于 DEA 的实证分析[J]. 农业技术经济,2011(12):46-52.
[4] 陈静,李谷成,冯中朝,等. 油料作物主产区全要素生产率与技术效率的随机前沿生产函数分析[J]. 农业技术经济,2013(7):85-95.
[5] 刘成,冯中朝. 中国 2002~2012 年冬油菜全要素生产率分析基于冬油菜产区九省市的研究[J]. 湖北农业科学,2015,54(15):3838-3840.
[6] 田涛,许晓春,周可金. 安徽省各地市油菜生产效率研究——基于 DEA 的实证分析[J]. 农业技术经济,2011(12):46-52.
[7] 陈静,李谷成,冯中朝,等. 油料作物主产区全要素生产率与技术效率的随机前沿生产函数分析[J]. 农业技术经济,2013(7):85-95.
[8] Charnes A,Cooper W W,Rhodes E. Measuring the efficiency of decision making units[J]. European Journal of Operational Research,1978,2(6):429-444.
[9] 闵锐. 粮食全要素生产率:基于序列 DEA 与湖北主产区县域面板数据的实证分析[J]. 农业技术经济,2012(1):47-56.

到 DEA 的生产前沿面上,并通过比较决策单元偏离 DEA 前沿面的程度来评价各 DMU 的相对有效性[1]。但一般的 DEA 模型无法对有效的决策单元开展进一步分析,Andersen 和 Petersen[2]提出的改进的 DEA 模型则弥补了这一缺陷。本研究引入 C^2R 模型及扩展的 DEA 模型,分别见式(4-1)和式(4-2)。

$$\min\left[\theta-\varepsilon\left(\sum_{k=1}^{l}s_k^+ + \sum_{r=1}^{m}s_r^-\right)\right] \quad \text{s.t} \begin{cases} \sum_{j=1}^{n}\lambda_j k_j + s_1^- = \theta x_{01} \\ \sum_{j=1}^{n}\lambda_j k_j + s_2^- = \theta x_{02} \\ \vdots \\ \sum_{j=1}^{n}\lambda_j k_j + s_m^- = \theta x_{0m} \\ \sum_{j=1}^{n}\lambda_j y_j - s_1^+ = y_{01} \\ \sum_{j=1}^{n}\lambda_j y_j - s_2^+ = y_{02} \\ \vdots \\ \sum_{j=1}^{n}\lambda_j y_j - s_l^+ = y_{0l} \end{cases} \quad (4\text{-}1)$$

$$\min\left[\theta-\varepsilon\left(\sum_{k=1}^{l}s_k^+ + \sum_{r=1}^{m}s_r^-\right)\right] \quad \text{s.t} \begin{cases} \sum_{\substack{j=1\\j\neq 0}}^{n}\lambda_j x_j + s_1^- = \theta x_{01} \\ \sum_{\substack{j=1\\j\neq 0}}^{n}\lambda_j x_j + s_2^- = \theta x_{02} \\ \vdots \\ \sum_{\substack{j=1\\j\neq 0}}^{n}\lambda_j x_j + s_m^- = \theta x_{0m} \\ \sum_{\substack{j=1\\j\neq 0}}^{n}\lambda_j y_j - s_1^+ = y_{01} \\ \sum_{\substack{j=1\\j\neq 0}}^{n}\lambda_j y_j - s_2^+ = y_{02} \\ \vdots \\ \sum_{\substack{j=1\\j\neq 0}}^{n}\lambda_j y_j - s_l^+ = y_{0l} \end{cases} \quad (4\text{-}2)$$

用原 C^2R 模型测算 DEA 效率存在一个显著的问题,就是有效决策单元过多,而无效决策单元过少。为有效解决此问题,引入阿基米德无穷小量。在基于阿基米德 C^2R 模型中,本研究的测算对象是四川油菜,决策单元为 2008~2014 年 7 个年份,n 为年份数,m 为投入要素指标量,l 为产出要素指标量,0 为当前处于测算状态的决策单元;θ 为当前处于测算状态的决策单元离有效前沿面的径向优化量或"距离",在本研究中表示测算当前决策单元的综合效率,当 $\theta=1$ 时,当前决策单元为综合效率有效;当 $0<\theta<1$ 时综合效率无效;ε 为阿基米德无穷小量,本研究中 ε 取 10^{-5};λ_j 为相对于 DMU_j 重新构造一个有效 DMU 组合中第 j 个决策单元投入产出的组合比例;s^+、s^- 为松弛变量,用于无效 DMU 单元沿水平或者垂直方向延伸达到有效前沿面的产出要素集减少量和产出要素集增加量;x 和 y 分别为 DMU_j 的输入向量和输出向量。

对于 C^2R 模型,有如下定理:设 DMU_0 为当前决策单元,且 λ、θ 为 C^2R 模型的最优

---

[1] 王桂波,韩玉婷,南灵. 基于超效率 DEA 和 Malmquist 指数的国家级产粮大县农业生产效率分析[J]. 浙江农业学报,2011,23(6):1248-1254.
[2] Andersen P, Petersen N C. Procedure for ranking efficient units in data envelopment analysis[J]. Management Science,1993,39(10):1261-1264.

解，则：①DMU_0为规模收益递增的充分必要条件是$\theta>1$且$\sum_{j=1}^{n}\lambda_j/\theta>1$；②$DMU_0$为规模收益不变的充分必要条件是$\theta=1$且$\sum_{j=1}^{n}\lambda_j/\theta=1$；③$DMU_0$为规模收益递减的充分必要条件是$\theta<1$且$\sum_{j=1}^{n}\lambda_j/\theta<1$。

基于阿基米德扩展DEA模型各数学符号的含义与C^2R模型的相同，不同之处在于进行第0个决策单元效率评价时(0表示当前决策单元)，使第0个决策单元的投入和产出被其他所有决策单元投入和产出的线性组合代替，而将第0个决策单元排除在外。即一个有效的决策单元可以使其投入按比率增加，其综合效率可保持不变，投入增加比率即为超效率评价值。

对于用该模型评价规模效率时，λ值代表其规模变化，当$\sum_{j=1}^{n}\lambda_j=1$时，就限定其规模不变；当$\sum_{j=1}^{n}\lambda_j>1$时，表示规模扩大。根据DEA效率分解原理：综合效率(θ)可以分解为技术效率(δ)和规模效率(s)，三者的关系为$\theta=\delta\times s$，当在基于阿基米德投入型C^2R模型中增加$\sum_{j=1}^{n}\lambda_j=1$的限制条件，就得到$C^2GS^2$模型，从而测算出技术效率。DEA有效的决策单元均分布在一个生产前沿面上，将一个非DEA有效的决策单元在生产前沿面上进行投影，可以测算出它与DEA有效决策单元的差距，这样可以将一个非有效决策单元修改成有效决策单元。调整公式为

$$\begin{cases} x_0 = \theta x_0 - s^- \\ y_0 = y_0 + s^+ \end{cases} \quad (4\text{-}3)$$

2) 数据来源

本研究所用数据来源于2009～2015年的《全国农产品收益汇编》和《四川统计年鉴》。鉴于数据的可获得性，选取物质与服务费用、人工成本、土地成本、现金成本、生产成本为投入指标；总产值、现金收益、商品率为产出指标。依据前人研究结果[①②③]将研究对象定为2008～2014年具有油菜比较优势和冬油菜主产区的7个省(四川、青海、贵州、江西、江苏、湖北、湖南)和全国平均水平的油菜生产过程中的投入要素和产出指标。

2. 结果与分析

1) 2008～2014年四川油菜效率分析

运用LINGO8.0软件测算及分析四川省油菜生产效率的结果表明(图4-1)：2008～2014年四川油菜生产的综合效率、规模效率、超效率总体是无效的；技术效率总体有效，规模状态较为不稳定。其中，2008年四川油菜生产的综合效率、规模效率、技术效率值均为1，

---

① 李晓，杜兴瑞，陈春燕，等. 四川油菜种业竞争力评价[J]. 南方农业学报，2015，46(2)：349-355.
② 李然. 中国油菜生产的经济效率分析[D]. 武汉：华中农业大学，2010.
③ 雷波，唐江平，向平，等. 四川农产品比较优势综合分析[J]. 中国农学通报，2015，31(3):282-290.

超效率值大于1,处于相对有效的生产经营状态和规模报酬不变阶段;2010年各效率值均小于1,油菜生产处于相对无效的生产经营状态。2011~2014年四川油菜生产处于技术效率相对有效状态,这与四川省近年来新品种的培育、前沿种植技术的推广密不可分。从图4-1可以看出,2009~2014年四川油菜生产的规模效率无效且呈现出递减趋势,2010年后规模效率、综合效率、超效率变化趋势保持一致,可见规模效率对综合效率和超效率的影响程度大于技术效率对综合效率的影响程度,规模效率对生产效率的增长起到了较大的束缚作用,从而导致油菜生产综合效率无效。另外2009年、2011年和2014年为规模报酬递增阶段,即在此阶段通过合理增加资源投入、扩大生产规模即可改善生产效率,使得DEA有效;2010年、2012年和2013年为规模报酬递减阶段,即要素投入增加不能带来产出增加,要适当减少生产要素的投入。可见生产规模不合理的状况,也引发了油菜生产规模状态的稳定性差。总体看来四川油菜在生产要素配置方面存在一定的问题,对农业生产规模不断递减带来的效率低下等问题应引起重视。

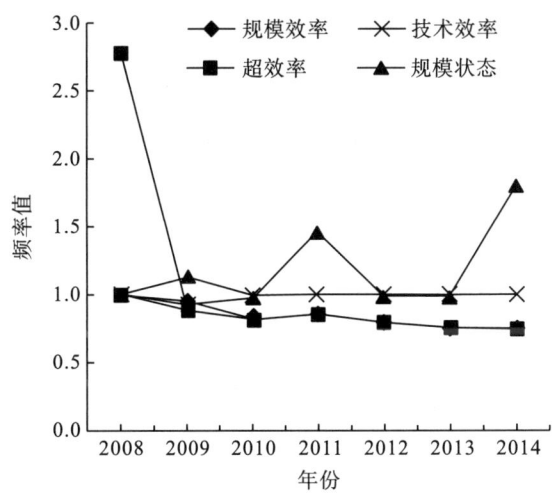

图 4-1　2008~2014 年四川油菜生产效率趋势分析

2) 2008~2014 年四川油菜投入产出投影分析

为进一步分析非DEA有效的四川油菜生产效率低下的原因,对2008~2014年四川油菜生产进行投影分析(表4-1)。2008年投入产出相对匹配,不存在投入过剩和产出不足,其他年份均不同程度地出现投入和产出不匹配的现象,且投入过剩比例均超过20%,其中,冗余最大的是人工成本,冗余比例达45.71%,需要减少人工成本3990.6元/hm²。从图4-2和图4-3中可以看出,四川油菜生产单位面积的人工成本在2009年后增长比较迅速且明显高于全国平均水平,而土地成本和物质成本增长相对缓慢,说明四川油菜生产过程中投入结构失衡程度较为严重,人工成本增长较快,是推动油菜生产成本上升的关键因素。从产出来看,单位面积现金收益和产值均严重不足。其中,现金收益平均减少3448.16元/hm²,不足率高达46.30%,说明随着经济发展,人工、物质和土地成本会有所增加,但四川油菜生产技术效率相对增加较少,导致产值和现金收益严重不足,进一步改进和提高技术水平,可使油菜实际产出量与效率最优对应产出量之间的差距趋于零。四川油菜生产技术方面尚有很大的改进空间。

表 4-1 2008~2014 年四川油菜生产投影分析

投入与产出	冗余	2008年	2009年	2010年	2011年	2012年	2013年	2014年	平均值
物质与服务费用	冗余量/(元/hm²)	0.00	741.75	484.8	419.25	667.95	916.20	970.20	700.05
	冗余比率/%	0.00	27.73	17.95	14.79	21.08	25.84	27.20	22.43
人工成本	冗余量/(元/hm²)	0.00	604.50	1439.25	2598.60	5014.65	6957.90	7328.55	3990.60
	冗余比率/%	0.00	17.07	29.99	41.63	56.95	63.57	65.05	45.71
土地成本	冗余量/(元/hm²)	0.00	86.25	355.80	349.20	381.45	396.45	433.50	333.75
	冗余比率/%	0.00	11.28	31.44	29.27	30.35	30.09	32.28	27.45
现金成本	冗余量/(元/hm²)	0.00	764.85	461.70	372.00	617.70	858.45	918.15	665.40
	冗余比率/%	0.00	27.46	16.63	12.84	19.12	23.80	25.28	20.86
现金收益	冗余量/(元/hm²)	0.00	-3474.01	-3582.14	-3666.32	-2760.13	-4359.30	-2847.09	-3448.16
	冗余比率/%	0.00	-66.69	-53.77	-46.03	-29.99	-51.96	-29.35	-46.30
商品率	冗余量/(元/hm²)	0.00	0.00	0.00	0.00	0.00	0.00	0.00	0.00
	冗余比率/%	0.00	0.00	0.00	0.00	0.00	0.00	0.00	0.00
产值合计	冗余量/(元/hm²)	0.00	-3184.48	-3570.43	-3773.93	-2592.46	-3950.82	-2379.01	-3241.86
	冗余比率/%	0.00	-39.84	-37.83	-34.74	-20.85	-32.94	-17.84	-30.67

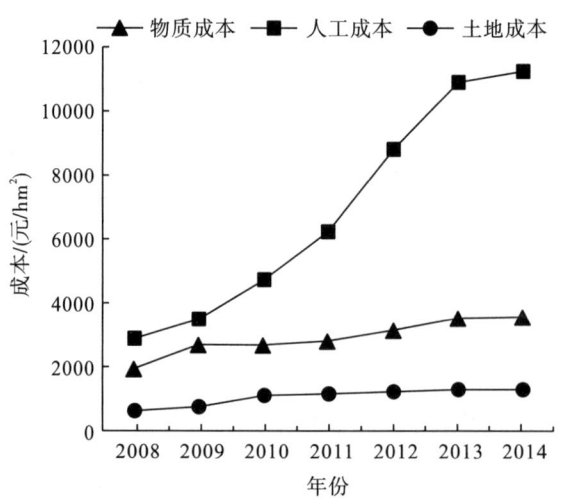

图 4-2 2008~2014 年四川油菜生产单位面积的人工成本、物质成本、土地成本变化情况

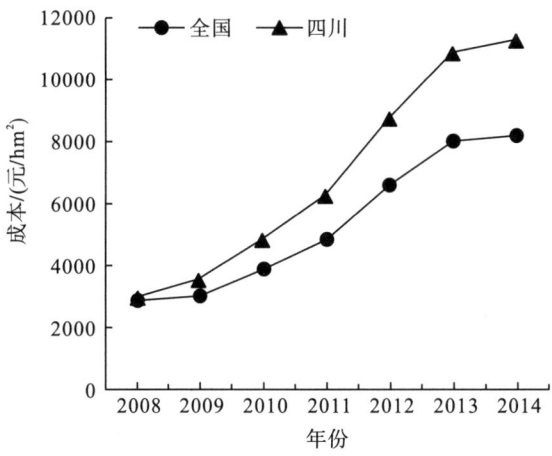

图 4-3 2008~2014 年四川油菜生产单位面积人工成本与全国平均水平的对比

3) 2008~2014 年四川油菜与其他省份的 DEA 效率比较分析

从表 4-2 可以看出: 2008~2014 年青海、湖北、江西产区的技术效率始终等于 1, 说明这 3 个产区的技术效率处于生产前沿面上, 即这些产区的油菜生产技术潜力得到了充分稳定地发挥。贵州、江苏、湖南与四川分别出现了 3 次、2 次、2 次、1 次技术效率值小于 1 的情况。综合来看, 四川油菜生产技术效率均高于全国平均水平, 技术效率较为稳定且有效, 在比较区域中处第四位。

表 4-2 2008~2014 年四川优势农作物油菜与其他省份 DEA 效率比较分析

时间	效率	全国	四川	青海	江苏	江西	湖南	湖北	贵州
2008 年	综合效率	0.9334	1.0000	1.0000	0.9144	0.9483	1.0000	1.0000	1.0000
	技术效率	0.9410	1.0000	1.0000	1.0000	1.0000	1.0000	1.0000	1.0000
	规模效率	0.9919	1.0000	1.0000	0.9144	0.9483	1.0000	1.0000	1.0000
	规模状态	0.9736	1.000	1.000	0.8442	1.2006	1.000	1.000	1.000
	超效率	0.9334	1.9024	1.1528	0.9144	0.9483	1.0016	1.2278	1.3647
2009 年	综合效率	0.9757	1.0000	1.0000	1.0000	1.0000	1.0000	1.0000	1.0000
	技术效率	0.9758	1.0000	1.0000	1.0000	1.0000	1.0000	1.0000	1.0000
	规模效率	0.9999	1.0000	1.0000	1.0000	1.0000	1.0000	1.0000	1.0000
	规模状态	1.0172	1.0000	1.0000	1.0000	1.0000	1.0000	1.0000	1.0000
	超效率	0.9757	1.1041	1.3881	1.2107	1.1018	1.0682	1.0444	1.4725
2010 年	综合效率	0.8870	0.9100	1.0000	0.9754	1.0000	1.0000	1.0000	0.8987
	技术效率	0.8914	0.9145	1.0000	0.9783	1.0000	1.0000	1.0000	0.9698
	规模效率	0.9950	0.9951	1.0000	0.9971	1.0000	1.0000	1.0000	0.9267
	规模状态	1.1048	1.1075	1.0000	1.0149	1.0000	1.0000	1.0000	0.9532
	超效率	0.8870	0.9100	2.1738	0.9754	1.2255	1.2006	1.4637	0.8987
2011 年	综合效率	0.8861	0.9031	1.0000	0.7553	1.0000	1.0000	1.0000	1.0000
	技术效率	0.8915	1.0000	1.0000	0.7560	1.0000	1.0000	1.0000	1.0000
	规模效率	0.9940	0.9031	1.0000	0.9990	1.0000	1.0000	1.0000	1.0000

续表

时间	效率	全国	四川	青海	江苏	江西	湖南	湖北	贵州
	规模状态	1.1352	1.2822	1.0000	1.3227	1.0000	1.0000	1.0000	1.0000
	超效率	0.8861	0.9031	1.2202	0.7553	1.2523	1.3178	1.4215	1.1381
2012年	综合效率	0.9520	1.0000	1.0000	1.0000	1.0000	0.8472	1.0000	0.8105
	技术效率	0.9531	1.0000	1.0000	1.0000	1.0000	0.9160	1.0000	0.8428
	规模效率	0.9988	1.0000	1.0000	1.0000	1.0000	0.9249	1.0000	0.9617
	规模状态	1.0406	1.0000	1.0000	1.0000	1.0000	1.0449	1.0000	1.1088
	超效率	0.9520	1.0886	1.3065	1.0395	1.3770	0.8472	1.2930	0.8105
2013年	综合效率	0.8815	0.8542	0.9749	1.0000	1.0000	1.0000	1.0000	0.8310
	技术效率	0.8816	1.0000	1.0000	1.0000	1.0000	1.0000	1.0000	0.9232
	规模效率	0.9999	0.8542	0.9749	1.0000	1.0000	1.0000	1.0000	0.9001
	规模状态	1.1323	1.3079	1.1966	1.0000	1.0000	1.0000	1.0000	1.0832
	超效率	0.8815	0.8542	0.9749	1.0158	1.3160	1.0027	1.2369	0.8310
2014年	综合效率	0.9939	1.0000	1.0000	1.0000	1.0000	0.8713	1.0000	0.9028
	技术效率	1.0000	1.0000	1.0000	1.0000	1.0000	0.9362	1.0000	1.0000
	规模效率	0.9939	1.0000	1.0000	1.0000	1.0000	0.9306	1.0000	0.9028
	规模状态	1.0061	1.0000	1.0000	1.0000	1.0000	2.7602	1.0000	3.9945
	超效率	0.9939	1.0532	5.9092	1.2034	1.2373	0.8713	1.1901	0.9028

在规模效率方面，2008～2014年湖北产区的规模效率始终等于1，说明湖北产区的生产规模达到了最佳状态，处于不变规模报酬阶段，可以继续保持其规模水平。江西、青海、湖南、四川、江苏、贵州在2008～2014年分别出现1次、1次、2次、3次、3次、4次规模效率没有达到1但总体规模状态却高于1的现象，说明这些产区的生产规模虽未达到最佳的稳定状态，但其规模报酬递增，说明规模效率还有增长的空间。

在综合效率方面，2008～2014年只有湖北的综合效率始终等于1，这说明湖北油菜生产配置达到最优状态，而全国平均水平、四川、青海、江苏、江西、湖南、贵州的综合效率都有小于1的情况出现，其综合效率均值分别为0.9299、0.9525、0.9964、0.9493、0.9926、0.9598、0.9204，这说明比较区域各省在技术效率、规模效率有一方面未达到最优，就不能使综合技术效率处于前沿生产面上，油菜生产力还有增长的空间。

在超效率方面，2008～2014年湖北的超效率较为突出，始终大于1，说明湖北油菜生产效率有效，其生产具有较强的可持续性和稳定性；贵州、江苏、四川、湖南、青海分别出现了4次、3次、3次、2次、1次超效率值小于1的情况，说明贵州油菜生产的稳定性和可持续性最差。全国平均水平、四川、青海、江苏、江西、湖南、湖北、贵州2008～2014年的超效率均值分别为0.9299、1.1165、2.0179、1.1064、1.2083、1.0442、1.2682、1.0598，说明从整体来看，这几个省的油菜生产综合技术超效率是有效的。在有效决策单元之间进行油菜生产效率水平比较，可知四川处于第四位。

3. 结论

本研究使用基于阿基米德的扩展DEA方法研究2008～2014年四川及具有油菜生产比

较优势的其他六省的油菜生产效率，得出以下结论。

(1) 超效率 DEA 分析结果显示整体上四川油菜生产的综合效率、技术效率、超效率小于 1，从静态上表明油菜生产效率是无效的，距最有效的生产前沿有一定距离。规模效率小于 1 而规模状态大于 1，说明超效率低的主要原因是四川油菜生产规模不合理，应根据省情调整油菜生产规模。

(2) 投入冗余量是达到生产前沿面需要调整的量，四川油菜生产的人工成本冗余量最高，说明人工成本增大是推动四川油菜生产成本上升的重要因素。大力发展油菜机械化生产是提升四川油菜生产效率的重要着力点，也是解决人工成本冗余量高这一问题的有效途径，四川在油菜生产技术方面仍有很大的改进空间；此外土地成本冗余量高，也反映出四川油菜生产对土地资源的利用没有达到最优化。

(3) 在本研究区域中，湖北省油菜生产各效率较为突出，达到了生产前沿且生产较为稳定，其次是青海、江西，四川油菜生产效率处于第四位。四川油菜生产的规模效率波动较大导致了综合效率的不稳定，在比较区域中只具有比较优势。

4. 讨论

本研究采用扩展的 DEA 模型，测算了 2008～2014 年四川省的油菜生产效率，明确了影响其生产效率的主要因素和比较优势，提出了进一步改进和提高生产效率的措施，为相关管理部门制定当前四川油菜产业发展规划和战略决策提供了参考依据，对充分了解四川省油菜生产状况、提高农民种植积极性和生产效益具有重要的现实意义。

本研究得出四川油菜生产技术效率有效而规模效率低下的结论与刘成和冯中朝[1]、沈琼[2]的研究结果一致。以往的研究大多采用 TFP 方法核算和分析中国油菜产区某一年或者某一时间段的生产率增长情况，较少利用投影分析来明确生产效率低下的具体原因。本研究对四川省的油菜生产效率进行了深入分析，同时将其与具有油菜生产优势的其他省进行对比，明确了其比较优势，为今后四川油菜产业的发展方向、结构调整奠定了理论基础。但由于本研究是基于四川省油菜生产的总体情况，不能对四川省各个市州的具体情况进行很好地指导，建议今后开展四川省各个市州的油菜生产效率评价，有助于优化产业区域布局。

四川油菜种植和收获的机械化程度低，取消油菜籽临时收储政策后，市场价格以及农户种植比较效益受到极大影响，人工成本大幅增长，是造成油菜生产成本上升的重要因素。四川油菜生产应减少劳动力投入，使人工成本冗余转化为有效的智力投资，如建立油菜生产全程机械化培训班对新型职业农民进行培训等；积极推广机械化作业如机耕、机播、机收，提高生产机械化水平、提高农户种植积极性，从而提高油菜生产的生产效率和比较效益。

开展油菜生产投入实际情况的调研，对要素投入结构、生产规模进行合理的改善与调整。在规模状态递增的情况下，适当增加要素投入（如扩大种植面积），充分利用土地资源

---

[1] 刘成，冯中朝. 中国 2002～2012 年冬油菜全要素生产率分析——基于冬油菜产区九省市的研究[J]. 湖北农业科学，2015，54(15)：3838-3840.
[2] 沈琼. 我国油菜籽生产效率的 DEA 测度及分析[A]//2005 年全国中青年农业经济学青年会论文集:和谐社会与农村发展[C]. 北京：中国农业出版社，2005.

推广集约化、规模化生产以带来产出的增加。

在资源匮乏的情况下，技术要素是第一生产力，四川要继续推行各项支持油菜发展和技术创新的政策。在重大农业技术和新品种的推广上，配套相应的项目支撑，确保新技术、新品种的有效推广，提高新技术、新品种的覆盖率。大力实施新型农民培训工程，培养懂技术、会管理、善经营的职业农民，提高科技入户率，从而进一步提高技术效率。

4.2.2 四川马铃薯生产效率分析

马铃薯因具有耐旱、耐瘠薄、高产稳产、适应性强、营养成分全等特点，在世界各地广泛种植[1]，是继水稻、玉米、小麦之后的世界第四大粮食作物。马铃薯产业的良好发展对保障粮食安全和增加农民收入有着极其重要的作用。中国是目前最大的马铃薯生产国，据联合国粮农组织（FAO）统计，世界近 1/3 的马铃薯产自中国和印度[2]，但与世界平均马铃薯单产相比，还存在一定差距。2014 年，各大洲马铃薯单产大洋洲为 $41.3t/hm^2$、美洲为 $56.6t/hm^2$、欧洲为 $21.8t/hm^2$、亚洲为 $18.9t/hm^2$、非洲为 $14.9t/hm^2$[3]，中国马铃薯平均单产仅为全球平均水平的 81.5%[4]。由此可见，我国在提高马铃薯单产水平上具有非常大的潜力。研究马铃薯的生产效率、探索影响马铃薯产出的因素对促进我国马铃薯产业的快速发展具有十分重要的意义。

关于我国马铃薯生产效率的研究主要从以下两个方面展开。一是基于马铃薯调研数据进行微观分析。王志刚等根据对甘肃省定西市马铃薯种植农户的调研数据，运用超越对数函数形式的随机前沿模型，对马铃薯生产技术效率及影响因素进行了研究[5]。肖阳和朱立志用两阶段数据包络分析(DEA-Tobit)模型对 2014 年甘肃省定西市样本农户马铃薯种植的调查数据展开生产效率分析[6]。金璟等采用柯布-道格拉斯型随机前沿生产模型对云南马铃薯主要种植地区农户的投入产出进行了技术效率测定[7]。易晓峰等运用随机前沿面超越生产函数，对西部地区种植型马铃薯合作社的技术效率进行了测算，并对全国马铃薯生产效率进行了宏观分析[8]。李勤志等采用数据包络分析(DEA)方法分析了我国马铃薯主产区 1998~2005 年的生产效率[9]。易晓峰和罗其友运用 DEA 三阶段模型对 2012 年中国 14 个马铃薯主产省的技术效率进行了分析[10]。刘洋和罗其友运用 Malmquist 指数方法测算了

---

[1] 刘洋，高明杰，何威明，等. 世界马铃薯生产发展基本态势及特点[J]. 中国农学通报，2014，30(20)：78-86.
[2] 李子涵，杨晓晶. 世界及中国马铃薯产业发展分析[J]. 中国食物与营养，2016，22(5)：5-9.
[3] 秦军红，李文娟，卢肖平，等. 世界马铃薯产业发展概况[A]//中国马铃薯大会论文集[C]，2016，7-14.
[4] 肖阳，朱立志. 基于 DEA-Tobit 模型的马铃薯生产效率分析——以甘肃省定西市为例[J]. 中国农业资源与区划，2016，37(6)：37-43.
[5] 王志刚，李腾飞，黄圣男，等. 基于随机前沿模型的农业生产技术效率研究——来自甘肃省定西市马铃薯生产的数据[J]. 华中农业大学学报(社会科学版)，2013(5)：61-67.
[6] 肖阳，朱立志. 基于 DEA-Tobit 模型的马铃薯生产效率分析——以甘肃省定西市为例[J]. 中国农业资源与区划，2016，37(6)：37-43.
[7] 金璟，张德亮，龙蔚，等. 基于随机前沿生产函数和 DEA 的云南马铃薯种植效率分析[J]. 经济研究导刊，2012，4(10)：201-203.
[8] 易晓峰，罗其友，高明杰，等. 西部地区种植型马铃薯专业合作社技术效率研究[J]. 华中农业大学学报(社会科学版)，2015(6)：37-45.
[9] 李勤志，冯中朝，李然. 我国马铃薯生产效率的 DEA 分析[J]. 陕西农业科学，2009，55(4)：156-160.
[10] 易晓峰，罗其友. 基于三阶段 DEA 的中国马铃薯主产区生产效率分析[J]. 中国农学通报，2015，31(3)：270-276.

1998~2008 年中国马铃薯生产的全要素生产率[①]。

上述研究对马铃薯生产效率做了不同程度的探索。宏观分析有助于把握全国马铃薯生产形势,但缺乏对各省的具体指导作用;农户及合作社的微观分析对马铃薯生产技术效率的改变具有现实意义,但研究区域范围过小,获取的数据具有一定的局限性,研究结果不能大范围应用。综合来看,针对我国马铃薯生产效率的研究还比较少,而关于省级区域马铃薯生产效率的研究更少。

四川是我国马铃薯生产大省,全省 21 个市(州)均有种植,种植面积和产量全国领先[②]。2016 年农业部下发的《关于推进马铃薯产业开发的指导意见》中提出:到 2020 年,全国马铃薯播种面积达到 66.67 万 hm^2,单产达到 19.5t/hm^2,总产量达到 1.3 亿 t[③]。这对粮食供给不足的问题带来了积极影响,对四川来说是新的机遇也是挑战。在耕地面积受约束、资源短缺等条件下,要想提高单产,提高生产效率是关键。四川马铃薯生产效率如何、是否充分有效、生产效率受哪些因素影响是当前迫切需要弄清的问题。因而研究四川马铃薯生产效率及其影响因素变得十分必要和重要。本研究采用基于阿基米德的超效率 DEA 模型,探讨 2011~2015 年四川省马铃薯的生产效率及其变化趋势,通过投影分析找出影响四川马铃薯生产效率提高的主要因素;同时将四川马铃薯生产效率与具有马铃薯生产比较优势的其他省份进行比较分析,有助于客观认识四川马铃薯生产在市场中的竞争优势,调整生产投入要素方向,从而为行业管理部门制定当前四川马铃薯产业发展规划和战略决策提供一定的理论依据。本研究对充分了解四川省马铃薯生产状况、保障粮食安全、促进农民增收,推进四川成为马铃薯生产强省具有重要的现实意义。

1. 模型设定及数据来源

1)模型设定

DEA 模型最早由 Charnes 等[④]提出,由于其避免了常规赋权方法中的主观因素限制,不需要预先决定生产函数,不受输入、输出数据量纲影响,越来越被广泛采用。然而普通的 DEA 模型无法对有效的决策单元开展进一步分析,Andersen 和 Petersen[⑤]提出的改进的 DEA 模型(即超效率 DEA 模型)则解决了普通 DEA 方法下 C^2R 模型无法对有效决策单元之间效率高低进行比较的问题。本研究的测算对象是四川马铃薯,决策单元为 2011~2015 年 5 个年份,引入 C^2R 模型式(4-4)测算综合效率值,式(4-5)测算技术效率,规模效率=综合效率/技术效率;扩展的 DEA 模型测算超效率,主要比较当综合效率都为 1 时的效率大小[式(4-6)],投影分析测算冗余度[式(4-7)]。

---

① 刘洋,罗其友. 中国马铃薯生产效率的实证分析——基于非参数的 Malmquist 指数方法[J]. 中国农学通报 2010,26(14):138-144.
② 徐成勇,杨绍江,陈学才,等. 四川马铃薯周年生产季节性专用品种选育策略[J]. 中国种业,2015(2):11-17.
③ 庞昭进,郭安强,王有增,等. 发展我国马铃薯主粮化的建议[J]. 河北农业科学,2015(3):106-108.
④ Charnes A,Cooper W W,Rhodes E. Measuring the efficiency of decision making units[J]. European Journal of Operational Research,1978,2(6):429-444.
⑤ Andersen P,Petersen N C. Procedure for ranking efficient units in data envelopment analysis[J]. Management Science,1993,39(10):1261-1264.

$$\min\left[\theta-\varepsilon\left(\sum_{k=1}^{l}s_{k}^{+}+\sum_{r=1}^{m}s_{r}^{-}\right)\right]$$

$$\text{s.t}\begin{cases}\sum_{j=1}^{n}\lambda_{j}x_{j}+s_{1}^{-}=\theta x_{01}\\ \sum_{j=1}^{n}\lambda_{j}x_{j}+s_{2}^{-}=\theta x_{02}\\ \vdots\\ \sum_{j=1}^{n}\lambda_{j}x_{j}+s_{m}^{-}=\theta x_{0m}\\ \sum_{j=1}^{n}\lambda_{j}x_{j}-s_{1}^{+}=y_{01}\\ \sum_{j=1}^{n}\lambda_{j}y_{j}-s_{2}^{+}=y_{02}\\ \vdots\\ \sum_{j=1}^{n}\lambda_{j}y_{j}-s_{l}^{+}=y_{0l}\end{cases} \quad (4\text{-}4)$$

$$\min\left[\theta-\varepsilon\left(\sum_{k=1}^{l}s_{k}^{+}+\sum_{r=1}^{m}s_{r}^{-}\right)\right]$$

$$\text{s.t}\begin{cases}\sum_{j=1}^{n}\lambda_{j}x_{j}+s_{1}^{-}=\theta x_{01}\\ \sum_{j=1}^{n}\lambda_{j}x_{j}+s_{2}^{-}=\theta x_{02}\\ \vdots\\ \sum_{j=1}^{n}\lambda_{j}x_{j}+s_{m}^{-}=\theta x_{0m}\\ \sum_{j=1}^{n}\lambda_{j}x_{j}-s_{1}^{+}=y_{01}\\ \vdots\\ \sum_{j=1}^{n}\lambda_{j}y_{j}-s_{l}^{+}=y_{0l}\\ \sum_{j=1}^{n}\lambda_{j}=1\end{cases} \quad (4\text{-}5)$$

$$\min\left[\theta-\varepsilon\left(\sum_{k=1}^{l}s_{k}^{+}+\sum_{r=1}^{m}s_{r}^{-}\right)\right]$$

$$\text{s.t}\begin{cases}\sum_{\substack{j=1\\j\neq 0}}^{n}\lambda_{j}x_{j}+s_{1}^{-}=\theta x_{01}\\ \sum_{\substack{j=1\\j\neq 0}}^{n}\lambda_{j}x_{j}+s_{2}^{-}=\theta x_{02}\\ \vdots\\ \sum_{\substack{j=1\\j\neq 0}}^{n}\lambda_{j}x_{j}+s_{m}^{-}=\theta x_{0m}\\ \sum_{\substack{j=1\\j\neq 0}}^{n}\lambda_{j}y_{j}-s_{1}^{+}=y_{01}\\ \sum_{\substack{j=1\\j\neq 0}}^{n}\lambda_{j}y_{j}-s_{2}^{+}=y_{02}\\ \vdots\\ \sum_{\substack{j=1\\j\neq 0}}^{n}\lambda_{j}y_{j}-s_{l}^{+}=y_{0l}\end{cases} \quad (4\text{-}6)$$

$$\begin{cases}x_{0}=\theta x_{0}-s^{-}\\ y_{0}=y_{0}+s^{+}\end{cases} \quad (4\text{-}7)$$

上述测算模型中 n 为年份数；m 为投入要素指标量；l 为产出要素指标量；0 为当前处于测算状态的决策单元；θ 为当前处于测算状态的决策单元离有效前沿面的径向优化量或"距离"，在本研究中表示测算当前决策单元的综合效率，当 $\theta=1$ 时，当前决策单元为综合效率有效；当 $0<\theta<1$ 时综合效率无效；ε 为阿基米德无穷小量，本研究中 ε 取 10^{-5}；λ_j 为相对于 DMU_j 重新构造一个有效 DMU 组合中第 j 个决策单元投入产出的组合比例；s^+、s^- 为松弛变量，用于无效 DMU 单元沿水平或者垂直方向延伸达到有效前沿面的产出要素集减少量和产出要素集的增加量；x 和 y 分别为 DMU_j 的输入向量和输出向量[1]。

基于阿基米德扩展 DEA 模型各数学符号的含义与 C^2R 模型的相同，不同之处在于进行第 0 个决策单元效率评价时(0 表示当前决策单元)，使第 0 个决策单元的投入和产出被其他所有决策单元投入和产出的线性组合代替，而将第 0 个决策单元排除在外。即一个有效的决策单元可以使其投入按比率增加，其综合效率可保持不变，投入增加比率即为超效率评价值[2]。

2) 数据来源及评价指标选取

考虑到数据的准确性和客观性，本研究所用数据来源于 2012~2016 年的《全国农产品收益汇编》和《四川统计年鉴》。鉴于数据的可获得性，选取物质与服务费用、人工成本、土地成本、现金成本、生产成本为投入指标，总产值、现金收益、产量(商品率)为产出指标。研究对象为马铃薯生产过程中的投入要素和产出指标，研究范围为 2011~2015 年生产马铃薯的主要省份(河北、吉林、内蒙古、辽宁、黑龙江、山东、湖北、重庆、四川、贵州、云南、陕西、甘肃、青海、宁夏、新疆)及全国平均水平。

2. 结果分析

1) 2011~2015 年四川马铃薯生产超效率评价

综合效率可衡量马铃薯生产的资源要素组合、经营管理、投入规模间的配合水平[3]；技术效率侧重于反映马铃薯生产中技术运用的有效程度及一些相关制度运行的效率和管理水平[4]；规模效率反映了马铃薯生产活动是否在最合适的投资规模下进行经营[5]。本研究运用 LINGO 8.0 软件对四川省马铃薯生产效率进行测算分析，结果如图 4-4 所示。2011~2015 年四川马铃薯综合效率均值约为 0.8491，说明四川马铃薯生产的要素投入存在一定的效率损失，没有得到充分高效的利用，技术效率和规模效率都还有提升的空间。技术效率均值约为 0.9813 趋于 1，基本处于有效状态，这与近年来四川大力发展马铃薯产业的相关政策，加大示范力度，推广新品种、新技术、新模式密不可分。但是技术效率均值小于 1，反映出当前四川马铃薯的生产技术和管理水平依旧没有达到最优，如果提高技术和管理水平，平均技术效率还可以提高 0.0187。规模效率均值约为 0.8667，也小于 1。说明四川马铃薯生产规模离最适规模还有一定距离，如果改变种植规模还有 0.1333 的提升空间。

---

[1] 唐江云,刘永波,曹艳,等. 基于扩展 DEA 模型的四川省油菜生产效率研究[J]. 中国农学通报,2016,32(35):214-221.
[2] 陈彦春,赵遂生,侯鹏,等. 基于 DEA 的烟叶家庭农场适度规模研究[J]. 河南农业大学学报,2016(4):569-574.
[3] 苏新宏,马聪,侯鹏,等. 河南烤烟全要素生产率实证分析——基于 DEA-Malmquist 指数法[J]. 中国烟草学报,2016,22(1):130-183.
[4] 蔡瑞林,陈万明,朱广华,等. 我国烟草种植业的效率评价[J]. 中国烟草学报,2015,21(4):121-130.
[5] 张培兰,史宏志,杨超,等. 基于数据包络分析(DEA)的重庆山地烤烟适宜种植规模研究[J]. 中国烟草学报,2012,18(3):87-93.

2011~2015年四川马铃薯规模状态虽呈"n"形,但均值约为1.5922,明显处于有效状态——规模报酬递增阶段,适当地增加种植面积可以带来产出的增加。超效率反映的是超越生产前沿面的程度,2011~2015年四川马铃薯生产的超效率均值约为0.8830,总体趋于无效。从图4-4中还可以看出,综合效率、规模效率、超效率的变化趋势一致,且综合效率和规模效率曲线基本重合,可见四川马铃薯规模效率对综合效率的影响程度大于技术效率对综合效率的影响程度,规模效率对生产效率起到了束缚作用,因此改变当前四川马铃薯的种植规模,可以明显地改善综合效率。总体而言,四川马铃薯DEA无效,生产要素配置方面存在一定的问题,虽然生产技术得到了有效发挥,但规模效率有待进一步提高,需要不断完善运行制度和管理体制,以促进综合效率的提高。

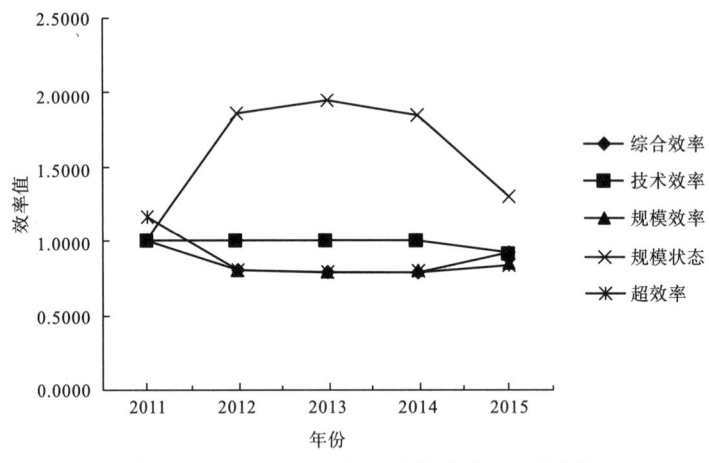

图4-4 2011~2015年四川马铃薯生产各效率值

2)2011~2015年四川马铃薯投入产出投影分析

为进一步分析非DEA有效的四川马铃薯生产效率低下的原因,对2011~2015年四川马铃薯生产进行投影分析,结果见表4-3。其中,冗余值反映的是对照强有效前沿DMU投入的改进空间。2011年四川马铃薯生产投入相对比较匹配,没有出现投入过剩和产出不足现象,其他年份均出现投入过剩和产出不足。总体看来四川马铃薯生产各投入要素相结合并没有发挥最大效益,存在资源浪费现象。其中,人工成本投入过多,平均过剩3496.83 元/hm^2,冗余率达18.98%,说明四川马铃薯生产机械化程度不高,仍需要投入大量的劳动力,对发展适度规模种植造成不利影响;其次是物质与服务费用投入平均过剩1915.08 元/hm^2,冗余率达16.57%,说明物质费用转化效率还不高,肥料、农药等利用转化率还需要进一步提高;土地成本投入过多,平均过剩439.99 元/hm^2,冗余比例为15.08%,说明四川马铃薯种植的相对效率较低,需要在引导农地承包经营权流转的基础上,将细碎分割土地规模化,同时适度降低流转地租金,提高马铃薯产值,提高土地利用效率。从产出来看,产出不足率平均为11.57%,反映出农户的利益没有得到投入所对应的产出。总之四川马铃薯生产的土地成本、人工成本、物质与服务费用是影响四川马铃薯种植收益的主要因素,要进一步调整改进生产结构,促进各项投入要素的有效匹配,注重资源的合理利用,提高生产效率。

表 4-3 2011～2015 年四川省马铃薯投影分析

投入与产出	冗余	2011年	2012年	2013年	2014年	2015年	平均值
物质与服务费用	冗余量/(元/hm²)	0	2396.57	2810	2453.75	1587.35	1915.08
	冗余比率/%	0	21.79	23.17	21.33	16.96	16.57
人工成本	冗余量/(元/hm²)	0	3405.41	5105.02	5476.87	1934.55	3496.83
	冗余比率/%	0	25.46	25.75	24.72	16.96	18.98
土地成本	冗余量/(元/hm²)	0	636.90	553.86	569.18	1510.03	439.99
	冗余比率/%	0	19.88	20.64	19.79	47.07	15.08
现金成本	冗余量/(元/hm²)	0	2214.60	3556.99	3507.24	1823.00	2319.71
	冗余比率/%	0	19.88	29.12	30.30	16.96	19.83
现金收益	冗余量/(元/hm²)	0	-4224.63	-5359.85	-3734.18	-4865.67	-3329.70
	冗余比率/%	0	-15.34	-24.24	-19.90	-24.82	-14.87
商品率	冗余量/(元/hm²)	0	0	0	0	0	0
	冗余比率/%	0	0	0	0	0	0
产值合计	冗余量/(元/hm²)	0	-4190.45	-7175.52	-4413.28	-7398.36	-3944.78
	冗余比率/%	0	-10.83	-20.91	-14.55	-23.79	-11.57

3) 2011～2015 年四川马铃薯与比较区域的 DEA 效率评价

从图 4-5 可以看出，2011～2015 年国内马铃薯生产的综合效率均值为 0.7719，技术效率均值为 0.8658，规模效率均值为 0.9173。总体而言国内马铃薯生产为非 DEA 有效，规模效率几近最优化，且还处于规模报酬递增阶段，说明国内马铃薯生产通过要素投入数量的调整已实现了规模经济的生产状态，但技术效率离生产最前沿还有一定距离，是影响综合效率提高的主要因素。四川马铃薯生产的规模效率均值低于全国平均水平，其余效率均值高于全国平均水平。

在比较省份中，2011～2015 年吉林和黑龙江的各效率均值均达到 1，表明这两个地区马铃薯生产的生产要素配置和规模组合达到最优状态，生产要素资源得到充分利用，相关制度的运行和管理得到充分发挥。吉林和黑龙江的超效率均值均大于 1，说明这些区域生产马铃薯具有较强的可持续性和稳定性。

在综合效率方面，甘肃的综合效率损失较大，其均值为 0.7258，说明其在投入数量和结构上存在不合理之处。四川马铃薯生产综合效率均值约为 0.8491，在比较省份中排名第十。在技术效率方面，贵州、甘肃、青海的技术效率均值较低，均为 0.78 左右，说明这些省份现有生产技术还较为落后，其生产潜力没有得到充分发挥，有待进一步提高。吉林、内蒙古、黑龙江、新疆的技术效率均值均为 1，说明这些省份的技术效率处于生产前沿面上，生产技术潜力得到了有效发挥。其余各省份的技术效率均值均在 0.9 左右。四川省马铃薯生产技术效率均值约为 0.9813，在比较省份中排名第六。在规模效率方面，除吉林和黑龙江规模效率均值为 1 外，其余各省规模效率均无效。四川马铃薯规模效率均值为 0.8667，可见四川马铃薯生产在规模效率上还有很大的发展空间。

从生产所处的阶段来看，吉林和黑龙江处于规模报酬不变的阶段，说明它们的生产规模是合适的;其余省份马铃薯生产处于规模报酬递增阶段,说明这些省份可根据自身地理特点适当地增加马铃薯种植面积。

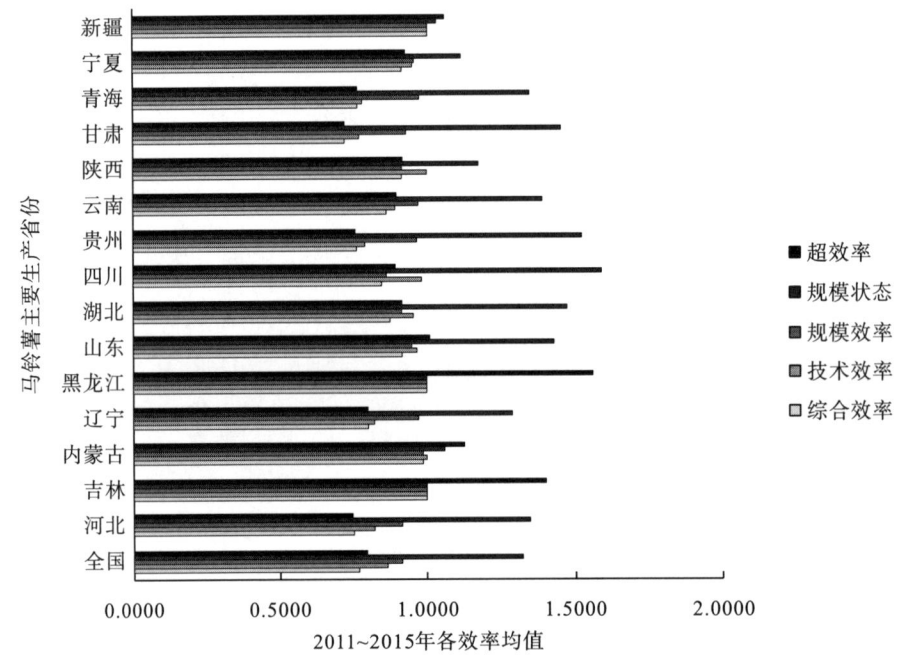

图 4-5　2011~2015 年各省马铃薯生产 DEA 效率分析

3. 讨论

1) 模型讨论

生产效率的测算方法主要有随机前沿生产函数(SFA)、全要素生产率(TFP)、非参数的 Malmquist、DEA 及它们之间的综合应用。由于 DEA 方法不受主观因素限制,在农业研究中的应用越来越多,但在马铃薯生产效率研究中的应用还较少。肖阳和朱立志[1]采用了二阶段的 DEA-Tobit 模型分析马铃薯生产效率,可以解释效率差异原因,但不能深入剖析引起效率差异的环境部分原因。易晓峰和罗其友[2]运用了三阶段 DEA 方法分析马铃薯主产区的生产效率,但该方法要求数据满足等幅的扩展性,无法应用在时间序列数据中,使得年代效率不能直接比较。上述两种研究主要针对微观的农户调研数据,虽然对农户有具体的指导作用,但对宏观分析的作用不大。

本研究采用基于阿基米德的超效率 DEA 方法,虽然存在一些环境因素和随机误差,但可以对四川马铃薯生产的年代效率进行比较分析,了解四川近些年马铃薯生产效率的变化趋势,并可以开展投影分析,明确非 DEA 有效的四川马铃薯生产效率低下的原因;同时将马铃薯主要生产省份近几年的生产效率进行综合比较,明确四川省在全国范围内马铃

---

[1] 肖阳,朱立志. 基于 DEA-Tobit 模型的马铃薯生产效率分析——以甘肃省定西市为例[J]. 中国农业资源与区划,2016,37(6):37-43.
[2] 易晓峰,罗其友. 基于三阶段 DEA 的中国马铃薯主产区生产效率分析[J]. 中国农学通报,2015,31(3):270-276.

薯生产效率的综合实力。

2) 结果讨论

尽管近些年在国家马铃薯主粮化、四川相关政策的推动下四川已成为全国马铃薯种植大省、鲜薯产量大省，但是从本研究结果看，四川马铃薯综合生产效率非 DEA 有效，生产技术效率、规模效率都需要提升，并且规模效率已成为影响四川马铃薯综合效率最重要的因素。虽然目前鲜有针对四川马铃薯生产效率分析的报道，不能直接对结果进行比较分析，但是从其他相关文献[1][2][3]可知，规模效率不仅制约着四川也制约着其他省份马铃薯生产效率的提高。表明种植规模已成为影响中国马铃薯生产效率提高的因素之一。另外，四川丘陵山区马铃薯种植规模小、土地细碎分割、机械化水平低是制约生产成本提高的因素；物质与服务费、人工成本和土地成本是促使马铃薯生产成本快速增长的重要原因，影响着马铃薯种植收益，这一结论与罗其友等[4]的研究结论一致。

研究还得出全国马铃薯生产技术效率均值无效，马铃薯生产省份技术效率差异明显，表明我国的马铃薯生产技术水平低。这与李子涵和杨晓晶[5]和王桂波等[6]的研究结论一致。从综合效率与规模效率看，吉林处于有效的生产前沿面，黑龙江、吉林、内蒙古、新疆处于技术有效的前沿面，其余省份的技术效率和规模效率存在不同程度的发展潜力，这一结果与易晓峰[7]等的研究结论基本一致，不同之处在于本研究中黑龙江也处于有效的生产前沿面，新疆处于技术有效的前沿面，可能因为选取的评价指标不同而造成的。从规模报酬上看，除了吉林省处于规模报酬不变阶段，其他省都处于规模报酬递增阶段。这一结果与易晓峰和罗其友[8]的研究结论完全一致。

目前运用 DEA 法分析马铃薯生产效率的研究还比较少，且多数以微观分析为主，以深入农户的调研数据为面板数据开展分析，对具体的研究对象确有指导意义，但缺乏对省域的宏观指导作用。而现有宏观层面的研究主要着手于中国马铃薯主要产区或部分产区某一年的生产率情况，对省域层面马铃薯的生产效率研究很少，鲜有开展投影分析来明确各省生产效率低下的具体原因。本研究对四川省马铃薯生产效率展开深入分析，同时将其与其他马铃薯生产省份进行对比，明确了自身地位，为今后四川马铃薯产业的发展方向、结构调整奠定了理论基础。但由于本研究是基于四川省马铃薯生产的总体情况，不能对四川省各市州的具体情况进行很好地指导，建议今后开展四川省各市州的马铃薯生产效率评价，有助于优化产业区域布局。

---

[1] 肖阳，朱立志. 基于 DEA-Tobit 模型的马铃薯生产效率分析——以甘肃省定西市为例[J]. 中国农业资源与区划，2016，37(6)：37-43.
[2] 易晓峰，罗其友，高明杰，等. 西部地区种植型马铃薯专业合作社技术效率研究[J]. 华中农业大学学报(社会科学版)，2015(6)：37-45.
[3] 马国勇，范艺文，贾宁. 中国马铃薯生产影响因素的实证分析[J]. 统计与决策，2016(13)：136-140.
[4] 罗其友，刘洋，高明杰，等.中国马铃薯产业现状与前景[J]. 农业展望，2015，11(3)：35-40.
[5] 李子涵，杨晓晶. 世界及中国马铃薯产业发展分析[J]. 中国食物与营养，2016，22(5)：5-9.
[6] 王桂波，韩玉婷，南灵. 基于超效率 DEA 和 Malmquist 指数的国家级产粮大县农业生产效率分析[J]. 浙江农业学报，2011，23(6)：1248-1254
[7] 易晓峰，罗其友，高明杰，等. 西部地区种植型马铃薯专业合作社技术效率研究[J]. 华中农业大学学报(社会科学版)，2015(6)：37-45.
[8] 易晓峰，罗其友. 基于三阶段 DEA 的中国马铃薯主产区生产效率分析[J]. 中国农学通报，2015，31(3)：270-276.

4. 结论

本研究使用基于阿基米德的扩展 DEA 方法研究了 2011~2015 年四川及马铃薯主产省份的生产效率，得出以下结论。

(1) 四川马铃薯生产非 DEA 有效。四川马铃薯生产综合效率、规模效率、超效率均小于 1，从静态上表明马铃薯生产无效，距最有效的生产前沿面还有一定距离。技术效率趋近 1，说明四川马铃薯生产技术得到有效发挥，但还有增长的空间；规模效率小于 1，但规模状态大于 1，说明四川马铃薯生产规模不合理，规模效率明显制约了综合效率的提高。根据省情适当调整马铃薯生产规模及结构，有望进一步提高生产效率。

(2) 四川马铃薯生产存在投入冗余和产出不足现象。马铃薯生产的物质与服务费用、土地成本和人工成本冗余量高，说明三者是推动四川马铃薯生产成本上升的主要因素。现金收益产出不足，农户没有得到应有的利益。合理利用土地资源，推动土地流转，大力发展规模化、机械化生产是提升四川马铃薯生产效率的重要着力点。

(3) 全国生产效率存在区域差异。全国马铃薯生产平均水平的综合效率值为 0.7791，非 DEA 有效，受技术效率的制约明显。依据综合效率值将 15 个省划分为 4 个类型：黑龙江和吉林的各效率值均达到 1；内蒙古、山东、陕西、宁夏、新疆的综合效率值为 0.9~1.0；辽宁、四川、湖北、云南的综合效率值为 0.8~0.9；河北、贵州、甘肃、青海的综合效率值为 0.7~0.8。其中河北、辽宁、贵州、云南、甘肃、青海的技术效率明显制约着综合效率的提高，其余省份的规模效率影响着综合效率的提高。

4.2.3 四川烤烟生产效率分析

四川具有悠久的烟叶种植历史，其气候多样性为多种类型烟叶的生长、质量形成奠定了良好基础，其中凉山州和攀枝花地区的"清香甜型"烟叶在全国独树一帜。烤烟产业是四川的特色农业之一，为四川财政增税、农民增收做出了重要贡献。但目前四川烤烟产业发展处于烟叶计划调减、卷烟增量放缓、税利贡献回落和烟草现代化转型期，加之土地、人工成本的不断升高以及种烟自然灾害风险高，导致四川烤烟产业比较收益下跌、烟农不断流失等诸多问题不断涌现。烤烟的生产效率、稳定性及烟农的增收成为行业关注的热点问题。对烤烟生产中投入和产出要素之间的数量关系进行剖析，有助于优化烟叶生产资源配置[1]，提高烤烟生产要素利用效率，降低烤烟生产成本，促进烟农增收，对稳定烟农收入和维护烟草产业安全具有非常重要的理论与现实意义[2]。

目前，已有学者从不同角度对烤烟生产效率展开了研究。袁庆禄和蒋中一采用随机前沿生产函数方法(SFA)，分析了 1989~2007 年国内烤烟生产的技术效率，得出烤烟技术效率总体上较为稳定，但烤烟主产区的技术效率普遍较低的结论[3]。李灿华和田伟建立了随机 SFA 模型，对 1998~2007 年国内 17 个主要烤烟产区的生产技术效率进行了测算，

---

① 杨凡，谭毛彦，陈曲，等. 基于计量模型的烟叶生产投入产出影响因素研究[J]. 中国烟草科学，2013，34(1)：98-101.
② 袁庆禄，蒋中一. 我国烤烟生产的技术效率分析[J]. 农业技术经济，2010(3)：79-87.
③ 袁庆禄，蒋中一. 我国烤烟生产的技术效率分析[J]. 农业技术经济，2010(3)：79-87.

得出各省份之间的烤烟生产效率具有趋同趋势的结论[1]。苏新宏等运用 Cobb-Douglas 生产函数模型,测算了1983~2007年科技进步、生产要素等对烤烟生产的贡献率,分析了生产要素与烤烟产出的关系[2]。张培兰等运用数据包络分析(DEA),对重庆山地烤烟适宜种植规模展开了研究,提出了不同烤烟种植规模要素投入方面存在的问题和改进建议[3]。杨凡等结合湖北省恩施州烟叶生产的相关数据,建立了烟叶投入产出综合计量模型,探讨了烟叶生产资源优化配置模式[4]。苏新宏等采用 DEA 方法对河南省烤烟生产效率进行了实证分析,认为与其他产烟省份相比,河南省烤烟生产效率属于非 DEA 有效[5]。吴杰运用DEA 法对重庆市涪陵区60户烟农的烤烟种植规模效率进行了测度和评价[6]。蔡瑞林等采用 DEA 法,测算了全国20个主要省市2004~2013年的烤烟种植效率及非 DEA 有效决策单元的效率差距[7]。苏新宏等[8]运用 DEA-Malmquist 指数法对1983~2013年河南的烤烟生产效率进行了实证分析,并提出了提高河南烤烟生产效率的措施。李翠华[9]对烤烟生产技术及供需的技术效率进行了探讨与分析。

综合看来,关于烤烟生产效率的研究大多采用建立模型从国家层面展开分析[10][11][12][13],从省域层面展开分析的相对较少[14][15][16][17],且鲜有针对四川烤烟生产效率及其影响因素的研究。四川作为全国第三大烟区,虽然烟叶的生产与收购有着较为坚实的市场[18],但在"双控"政策、"三期叠加"的影响下,四川烤烟生产效率如何?是否充分有效?生产效率受哪些因素影响?能否稳定可持续发展?成为当前迫切需要解决的问题,因而研究四川烤烟种植效率及其影响因素变得十分必要。

本研究采用扩展的 DEA 模型,探讨2008~2014年四川省烤烟的生产效率及其变化趋势,通过投影分析找出影响四川烤烟生产效率提高的主要因素;同时将四川烤烟生产效率与具有比较优势的其他烤烟生产省份进行比较分析,有助于客观认识四川烤烟生产在市场中的竞争优势,调整生产投入要素方向,从而为行业管理部门制定当前四川烤烟产业发展规划和战略决策提供一定的理论依据。本研究对充分了解四川省烤烟生产状况、提高农民

---

[1] 李灿华,田伟. 基于 SFA 的中国烤烟生产技术效率分析[J]. 湖南商学院学报,2010,17(4):23-27.
[2] 苏新宏,蔡宪杰,张冬平. 我国烤烟生产科技进步贡献率的测算与分析[J]. 中国烟草学报,2010,16(3):67-71.
[3] 张培兰,史宏志,杨超,等. 基于数据包络分析(DEA)的重庆山地烤烟适宜种植规模研究[J]. 中国烟草学报,2012,18(3):87-93.
[4] 杨凡,谭毛彦,陈曲,等. 基于计量模型的烟叶生产投入产出影响因素研究[J]. 中国烟草科学,2013,34(1):98-101.
[5] 苏新宏,冯继红,徐敏,等. 基于 DEA 的河南省烤烟生产效率分析[J]. 中国农学通报,2013,29(14):51-55.
[6] 吴杰. 基于 DEA 方法的山地烟区种植规模效率实证研究——以重庆市为例[J]. 重庆与世界(学术版),2013,30(12):134-139.
[7] 蔡瑞林,陈万明,朱广华,等. 我国烟草种植业的效率评价[J]. 中国烟草学报,2015,21(4):121-130.
[8] 苏新宏,马聪,侯鹏,等. 河南烤烟全要素生产率实证分析——基于DEA-Malmquist 指数法[J]. 中国烟草学报,2016,22(1):130-183.
[9] 李翠华. 试论烤烟生产及供需的技术效率[J]. 农业与技术,2016,36(8):247.
[10] 李富欣,邓蒙芝. DEA 模型在中国烤烟生产效率评价中的应用[J]. 河南农业科学,2006,35(2):49-53.
[11] 赵莉,胡建岭,于传宝,等. 基于 DEA 模型的我国烤烟生产效率的衡量[J]. 安徽农业科学,2009,37(33):16545-16547,16550.
[12] 张海燕. 我国烤烟生产成本影响因素的实证分析——基于2004~2013年的省份面板数据[J]. 湖南商学院学报,2016(5):5-11.
[13] 陈彦春,赵遂生,侯鹏,等. 基于 DEA 的烟叶家庭农场适度规模研究[J]. 河南农业大学学报,2016(4):569-574.
[14] 杨照. 基于 DEA 方法的烟叶种植研究——以陕西咸阳为例[J]. 农业与技术,2013,33(6):88-90.
[15] 谭建,林琳,陈青梅. 基于 DEA 与改进的 TOPSIS 的现代农业组织效率与规模研究——以贵州烟草农业为例[J]. 湖南农业科学,2014(19):66-69.
[16] 张宏永,刘伟平. 烟农种植规模效率及影响因素分析——以福建为例[J]. 贵州农业科学,2011,39(12):248-253.
[17] 张宏永,刘伟平. 基于 DEA 方法的烟叶种植规模效率实证研究——以福建省为例[J]. 价值工程,2011,30(34):124-128.
[18] 肖瑞. 四川烟叶:坚守"红线"质量为重[J]. 中国烟草,2014(7):40-41.

种植积极性、保证稳定优质烟叶来源、推进烟草农业的现代化发展具有重要的现实意义。

1. 模型设定及数据来源

1）模型设定

生产效率的主要测算方法为 SFA、DEA、全要素生产率（TFP）、非参数的曼奎斯特（Malmquist）及它们之间的综合应用。由于 DEA 方法避免了常规赋权方法中的主观因素限制，且扩展的 DEA 其投影原理可以进一步根据已有的结论提出具体改进措施，因而 DEA 越来越被更多的研究者采用。DEA 模型最早由 Charnes 等[①]提出，但无法对有效的决策单元开展进一步分析，Andersen 和 Petersen[②]提出的改进的 DEA 模型则弥补了这一缺陷。本研究的测算对象是四川烤烟，决策单元为 2008~2014 年 7 个年份，引入式（4-8）测算综合效率值，式（4-9）测算技术效率，规模效率=综合效率/技术效率；扩展的 DEA 模型测算超效率，主要比较当综合效率都为 1 时的效率大小[式（4-10）]，投影分析测算冗余度[式（4-11）]。

$$\min\left[\theta - \varepsilon\left(\sum_{k=1}^{l} s_k^+ + \sum_{r=1}^{m} s_r^-\right)\right]$$

$$\text{s.t} \begin{cases} \sum_{j=1}^{n} \lambda_j x_j + s_1^- = \theta x_{01} \\ \sum_{j=1}^{n} \lambda_j x_j + s_2^- = \theta x_{02} \\ \vdots \\ \sum_{j=1}^{n} \lambda_j x_j + s_m^- = \theta x_{0m} \\ \sum_{j=1}^{n} \lambda_j x_j - s_1^+ = y_{01} \\ \sum_{j=1}^{n} \lambda_j y_j - s_2^+ = y_{02} \\ \vdots \\ \sum_{j=1}^{n} \lambda_j y_j - s_l^+ = y_{0l} \end{cases} \quad (4\text{-}8)$$

$$\min\left[\theta - \varepsilon\left(\sum_{k=1}^{l} s_k^+ + \sum_{r=1}^{m} s_r^-\right)\right]$$

$$\text{s.t} \begin{cases} \sum_{j=1}^{n} \lambda_j x_j + s_1^- = \theta x_{01} \\ \sum_{j=1}^{n} \lambda_j x_j + s_2^- = \theta x_{02} \\ \vdots \\ \sum_{j=1}^{n} \lambda_j x_j + s_m^- = \theta x_{0m} \\ \sum_{j=1}^{n} \lambda_j x_j - s_1^+ = y_{01} \\ \sum_{j=1}^{n} \lambda_j y_j - s_2^+ = y_{02} \\ \vdots \\ \sum_{j=1}^{n} \lambda_j y_j - s_l^+ = y_{0l} \\ \sum_{j=1}^{n} \lambda_j = 1 \end{cases} \quad (4\text{-}9)$$

---

① Charnes A, Cooper W W, Rhodes E. Measuring the efficiency of decision making units[J]. European Journal of Operational Research, 1978, 2(6): 429-444.
② Andersen P, Petersen N C. Procedure for ranking efficient units in data envelopment analysis[J]. Management Science, 1993, 39(10): 1261-1264.

$$\min\left[\theta - \varepsilon\left(\sum_{k=1}^{l}s_k^+ + \sum_{r=1}^{m}s_r^-\right)\right]$$

$$\text{s.t}\begin{cases}\sum_{\substack{j=1\\j\neq 0}}^{n}\lambda_j x_j + s_1^- = \theta x_{01}\\ \sum_{\substack{j=1\\j\neq 0}}^{n}\lambda_j x_j + s_2^- = \theta x_{02}\\ \vdots\\ \sum_{\substack{j=1\\j\neq 0}}^{n}\lambda_j x_j + s_m^- = \theta x_{0m}\\ \sum_{\substack{j=1\\j\neq 0}}^{n}\lambda_j y_j - s_1^+ = y_{01}\\ \sum_{\substack{j=1\\j\neq 0}}^{n}\lambda_j y_j - s_2^+ = y_{02}\\ \vdots\\ \sum_{\substack{j=1\\j\neq 0}}^{n}\lambda_j y_j - s_l^+ = y_{0l}\end{cases} \quad (4\text{-}10) \qquad \begin{cases}x_0 = \theta x_0 - s^-\\ y_0 = y_0 + s^+\end{cases} \quad (4\text{-}11)$$

上述测算模型中 n 为年份数；m 为投入要素指标量；l 为产出要素指标量；0 代表当前处于测算状态的决策单元；θ 为当前处于测算状态的决策单元离有效前沿面的径向优化量或"距离"，在本研究中表示测算当前决策单元的综合效率，当 $\theta=1$ 时，当前决策单元为综合效率有效；当 $0<\theta<1$ 时综合效率无效；ε 为阿基米德无穷小量，本研究中 ε 取 10^{-5}；λ_j 为相对于 DMU_j 重新构造一个有效 DMU 组合中第 j 个决策单元投入产出的组合比例；s^+、s^- 为松弛变量，用于无效 DMU 单元沿水平或者垂直方向延伸达到有效前沿面的产出要素集减少量和产出要素集的增加量。x 和 y 分别为 DMU_j 的输入向量和输出向量[1]。

对于 C^2R 模型，有如下定理：设 DMU_0 为当前决策单元，且 λ、θ 为 C^2R 模型的最优解，则：①DMU_0 为规模收益递增的充分必要条件是 $\theta>1$ 且 $\sum_{j=1}^{n}\lambda_j/\theta>1$；②$DMU_0$ 为规模收益不变的充分必要条件是 $\theta=1$ 且 $\sum_{j=1}^{n}\lambda_j/\theta=1$；③$DMU_0$ 为规模收益递减的充分必要条件是 $\theta<1$ 且 $\sum_{j=1}^{n}\lambda_j/\theta<1$。

基于阿基米德扩展 DEA 模型各数学符号的含义与 C^2R 模型的相同，不同之处在于进行第 0 个决策单元效率评价时 (0 表示当前决策单元)，使第 0 个决策单元的投入和产出被其他所有决策单元投入和产出的线性组合代替，而将第 0 个决策单元排除在外。即一个有效的决策单元可以使其投入按比率增加，其综合效率可保持不变，投入增加比率即为超效

---

[1] 唐江云，刘永波，曹艳，等. 基于扩展 DEA 模型的四川省油菜生产效率研究[J]. 中国农学通报，2016，32(35)：214-221.

率评价值[①]。

对于用该模型评价规模效率时，λ 值代表其规模变化，当 $\sum_{j=1}^{n}\lambda_j=1$ 时，就限定其规模不变；当 $\sum_{j=1}^{n}\lambda_j>1$ 时，表示规模扩大。根据 DEA 效率分解原理：综合效率 (θ) 可以分解为技术效率 (δ) 和规模效率 (s)，三者的关系为 $\theta=\delta\times s$，当在基于阿基米德投入型 C^2R 模型中增加 $\sum_{j=1}^{n}\lambda_j=1$ 的限制条件，就得到 C^2GS^2 模型，从而测算出技术效率。DEA 有效的决策单元均分布在一个生产前沿面上，将一个非 DEA 有效的决策单元在生产前沿面上进行投影，可以测算出它与 DEA 有效决策单元的差距，这样可以将一个非有效决策单元修改成有效决策单元，调整公式见式(4-11)[②]。

2) 数据来源及评价指标选取

本研究所用数据来源于 2009~2015 年的《全国农产品收益汇编》和《四川统计年鉴》。鉴于数据的可获得性，选取物质与服务费用、人工成本、土地成本、现金成本、生产成本为投入指标，总产值、现金收益、产量(商品率)为产出指标。研究对象为烤烟生产过程中的投入要素和产出指标，研究范围为 2008~2014 年具有烤烟生产综合优势[③]的 9 个省市(四川、云南、福建、甘肃、吉林、黑龙江、贵州、重庆、湖南)及全国平均水平。

2. 结果与分析

1) 2008~2014 年四川烤烟生产效率分析

本研究运用 LINGO 8.0 软件对四川省烤烟生产效率进行测算分析，结果如图 4-6 所示。其中，综合效率可衡量烤烟生产资源要素组合、经营管理、投入规模间的配合水平[④]。2008~2014 年四川烤烟综合效率均值约为 0.9205，仅在 2008 年、2012 年达到 1，说明四川烤烟生产的要素投入存在一定的效率损失，没有得到充分高效的利用，投入规模和结构还有待调整。技术效率侧重于反映烤烟生产中技术运用的有效程度，包括病虫害防治、品种筛选、农机推广等，也反映了相关制度运行的效率和管理水平[⑤]。2008~2014 年四川烤烟技术效率均值约为 0.9905，趋于 1，基本处于有效状态，这与近年来四川推行的科技创新、专业服务、功能配套、现代营销、国际合作等政策密不可分。规模效率反映了烤烟的生产活动是否在最合适的投资规模下进行经营[⑥]。2008~2014 年四川烤烟规模效率均值约为 0.9289，说明离最适规模还有一定距离。规模状态反映的是烤烟种植投入规模的变化与其引起的产出规模变化之间的关系。2008~2014 年四川烤烟规模状态虽较为不稳定，但均值约为 1.0631，明显处于有效状态，即四川烤烟处于规模报酬递增阶段，适当增加种植面积可以

[①] 陈彦春, 赵遂生, 侯鹏, 等. 基于 DEA 的烟叶家庭农场适度规模研究[J]. 河南农业大学学报, 2016(4)：569-574.
[②] 唐江云, 刘永波, 曹艳, 等. 基于扩展 DEA 模型的四川省油菜生产效率研究[J]. 中国农学通报, 2016, 32(35)：214-221.
[③] 杨照. 基于 DEA 方法的烟叶种植研究——以陕西咸阳为例[J]. 农业与技术, 2013, 33(6)：88-90.
[④] 苏新宏, 马聪, 侯鹏, 等. 河南烤烟全要素生产率实证分析——基于 DEA-Malmquist 指数法[J]. 中国烟草学报, 2016, 22(1)：130-183.
[⑤] 蔡瑞林, 陈万明, 朱广华, 等. 我国烟草种植业的效率评价[J]. 中国烟草学报, 2015, 21(4)：121-130.
[⑥] 张培兰, 史宏志, 杨超, 等. 基于数据包络分析(DEA)的重庆山地烤烟适宜种植规模研究[J]. 中国烟草学报, 2012, 18(3)：87-93.

带来产出的增加。超效率反映的是超越生产前沿面的程度。2008～2014 年四川烤烟生产的超效率曲线跌宕起伏、稳定性差,总体趋于无效。从图 4-6 中还可以看出,综合效率、规模效率、超效率的变化趋势一致,且综合效率和规模效率曲线基本重合,可见四川烤烟规模效率对综合效率的影响程度大于技术效率对综合效率的影响程度,规模效率对生产效率起到了束缚作用。总体而言,四川烤烟 DEA 无效生产要素配置方面存在一定的问题,虽然生产技术得到了有效发挥,但规模效率有待进一步提高,需要不断完善运行制度和管理体制,以促进综合效率的提高。

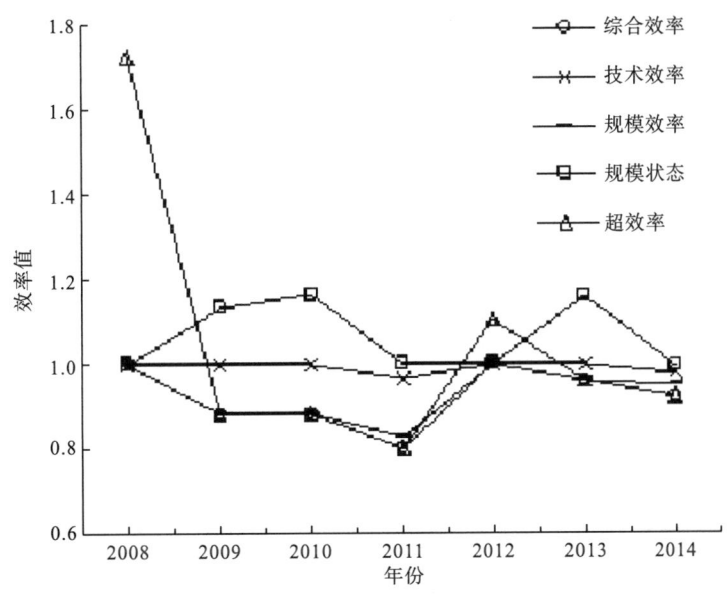

图 4-6　2008～2014 年四川烤烟生产各效率值

2) 2008～2014 年四川烤烟投入产出投影分析

为进一步分析非 DEA 有效的四川烤烟生产效率低下的原因,对 2008～2014 年四川烤烟生产进行投影分析,结果见表 4-4。其中,冗余值反映的是对照强有效前沿 DMU 投入的改进空间。2008 年和 2012 年四川烤烟生产投入相对比较匹配,没有出现投入过剩和产出不足现象,其他年份均出现投入过剩和产出不足。总体看来四川烤烟生产各投入要素相结合并没有发挥最大效益,存在资源浪费的现象。其中,土地成本投入过多,平均过剩 741.94 元/hm^2,冗余比例 21.21%,说明四川烤烟种植的相对效率较低,需要在引导农地承包经营权流转的同时适度降低流转地租金,提高烟叶产值和烟草种植的土地利用效率;其次是人工成本,平均过剩 3462.09 元/hm^2,冗余率 15.33%,说明四川烤烟生产机械化程度不高,仍需要投入大量的劳动力,对发展适度规模种植造成了不利影响;物质与服务费用投入平均过剩 1184.18 元/hm^2,说明物质费用转化效率还不高,肥料利用率、烤烟用煤转化率还需要进一步提高。从产出来看,产出不足率均在 10%以内,反映出烟农的利益没有得到投入所对应的产出,这也是造成烟农流失的重要原因。四川烤烟生产要进一步改进生产结构,促进各项投入要素的有效匹配,注重资源的合理利用,提高生产效率。

表 4-4　2008～2014 年四川烤烟投入产出投影分析

项目		2008 年	2009 年	2010 年	2011 年	2012 年	2013 年	2014 年	平均值
物质与服务费用	冗余量/(元/hm²)	0.00	2011.04	1215.37	2306.87	0.00	519.10	1052.24	1184.18
	冗余比率/%	0.00	19.52	12.00	20.24	0.00	4.13	7.70	10.60
人工成本	冗余量/(元/hm²)	0.00	1428.51	1759.25	3987.01	0.00	4939.70	8657.76	3462.09
	冗余比率/%	0.00	11.55	12.00	22.10	0.00	17.48	28.81	15.33
土地成本	冗余量/(元/hm²)	0.00	1419.40	1365.37	1245.07	0.00	145.07	276.72	741.94
	冗余比率/%	0.00	41.91	38.38	35.15	0.00	4.13	7.70	21.21
现金成本	冗余量/(元/hm²)	0.00	2502.39	1747.01	2863.13	0.00	602.39	1638.96	1558.96
	冗余比率/%	0.00	21.08	14.73	21.67	0.00	4.16	10.20	11.97
现金收益	冗余量/(元/hm²)	0.00	-2776.72	-1747.01	-2863.13	0.00	-558.66	-1638.96	-1597.46
	冗余比率/%	0.00	-17.17	-9.13	-15.19	0.00	-1.83	-5.58	-8.15
商品率	冗余量/(元/hm²)	0.00	0.00	31.79	0.00	0.00	167.33	445.67	0.00
	冗余比率/%	0.00	0.00	-2.13	0.00	0.00	-10.97	-29.86	0.00
产值合计	冗余量/(元/hm²)	0.00	-274.32	0.00	0.00	0.00	0.00	0.00	-274.32
	冗余比率/%	0.00	-0.98	0.00	0.00	0.00	0.00	0.00	-0.98

3) 2008～2014 年四川烤烟与比较区域的 DEA 效率分析

从图 4-7 可以看出,2008～2014 年国内烤烟生产的综合效率均值为 0.9267,离生产最前沿还有一定距离;技术效率均值为 0.9358,也还有提升的空间;规模效率均值为 0.9907,几近最优化,且还处于规模报酬递增阶段,说明国内烤烟生产在现有的技术水平和要素投入组合下,通过要素投入数量的调整已实现了规模经济的生产状态。四川烤烟生产的规模状态均值低于全国平均水平,其余效率均值明显高于全国平均水平。

在比较省份中,2008～2014 年甘肃、黑龙江和重庆的各效率均值均达到 1,表明这 3 个地区烤烟生产的要素配置和规模组合达到了最优状态,生产要素资源得到了充分利用,相关制度的运行和管理也得到了充分发挥。

在综合效率方面,福建的综合效率损失较大,其均值为 0.8732,说明其在投入数量和结构上存在不合理之处,四川烤烟生产综合效率均值约为 0.9958,在比较区域中排名第 4。在技术效率方面,福建的技术效率均值较低,约为 0.8751,说明福建现有的技术生产潜力没有得到充分发挥,有待进一步提高。其余各省份的技术效率均值均在 0.9 以上,说明这些省份的技术效率处于生产前沿面上,生产技术潜力得到了充分发挥。四川省烤烟生产技术效率均值约为 0.9962,在比较区域中排名第 4。在规模效率方面,各省份均达到了 0.9 以上,总体上看烤烟生产规模效率在一个较高的水平上。从生产所处的阶段来看,甘肃、黑龙江和重庆处于规模报酬不变的阶段,说明它们的生产规模是合适的;其余省份烤烟生产处于规模报酬递增阶段,说明这些省份可根据自身地理特点适当增加烤烟的种植面积。从超效率值来看,2008~2014 年福建和湖南的超效率均值分别为 0.8809、0.9504,处于无效状态,甘肃、黑龙江和重庆的超效率均值均大于 1,说明这些区域的烤烟生产具有较强的可持续性和稳定性。在有效决策单元间进行烤烟生产效率水平比较,可知四川烤烟生产超效率处于第 4 位。

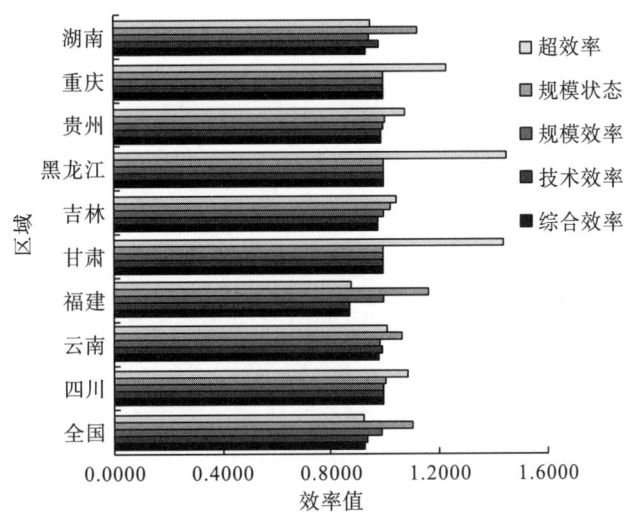

图 4-7　2008~2014 年各省份烤烟生产 DEA 效率比较分析

3. 讨论

本研究测算了 2008~2014 年四川省的烤烟生产效率,明确了影响其生产效率的主要因素和四川烤烟在对比区域中的比较优势,为相关管理部门了解四川省烤烟当前生产状况、制定相关发展规划和战略决策提供了理论参考依据,对当下四川烤烟生产具有一定的指导意义。

本研究得出四川烤烟生产技术效率有效而规模效率低下,四川处于规模递增状态、黑龙江处于规模不变状态的结论与苏新宏等[1]和蔡瑞林等[2]的研究结果一致,可见规模效率已成为影响四川烤烟综合效率的最重要因素。张海燕[3]研究认为,全国烤烟种植的人工成本、土地成本、物质与服务费用大幅上涨是推动烤烟生产成本上升的重要因素,而本研究通过冗余分析发现四川烤烟生产中土地、人工成本投入高,说明全国烤烟生产成本上升的大环境在一定程度上驱动了四川烤烟生产成本的提高,影响了生产成本的冗余率。本研究还得出烤烟生产效率存在区域差异,其中黑龙江、甘肃生产效率高,四川在比较区域中位于第四,这一结果与蔡瑞林等[4]的研究结果基本一致,即黑龙江、甘肃属于综合效率值较

---

[1] 苏新宏,冯继红,徐敏,等. 基于 DEA 的河南省烤烟生产效率分析[J]. 中国农学通报,2013,29(14):51-55.
[2] 蔡瑞林,陈万明,朱广华,等. 我国烟草种植业的效率评价[J]. 中国烟草学报,2015,21(4):121-130.
[3] 张海燕. 我国烤烟生产成本影响因素的实证分析——基于 2004~2013 年的省份面板数据[J]. 湖南商学院学报,2016(5):5-11.
[4] 蔡瑞林,陈万明,朱广华,等. 我国烟草种植业的效率评价[J]. 中国烟草学报,2015,21(4):121-130.

高的一类地区，四川为中等的二类地区。但本研究中重庆也属于一类地区，与其他研究者得出的结论不一致，主要有两个方面的原因：一是以往研究中的数据不是近年的数据，面板数据的时间范围为1989～2007年，不能很好地反映各省烤烟生产效率的现状，本研究采用的数据的时间范围为2008～2014年，能有效体现近期各省份的烤烟生产效率；二是以往研究中采用近期数据进行研究的，仅比较了某一年各省份的烤烟生产效率，本研究是对7年数据逐年研究，最终取平均值进行比较，研究结果更为全面和客观。

以往的研究大多分析中国烤烟产区某一年或者某一时间段的生产率增长情况，较少开展投影分析来明确各省生产效率低下的具体原因。本研究对四川省烤烟生产效率展开深入分析，同时将其与具有烤烟生产优势的其他省进行对比，明确了其比较优势，为今后四川烤烟产业的发展方向、结构调整奠定了理论基础。但由于本研究是基于四川省烤烟生产的总体情况，不能对四川省各市州的具体情况进行很好地指导，建议今后开展四川省各市州的烤烟生产效率评价，有助于优化产业区域布局。

4. 结论

(1) 四川烤烟生产非DEA有效。四川烤烟生产的综合效率、规模效率、超效率均小于1，从静态上表明烤烟生产无效，距最有效的生产前沿面还有一定距离。技术效率趋近1，说明四川烤烟生产技术得到了有效发挥，还有增长的空间；规模效率小于1但规模状态大于1，说明四川烤烟生产规模存在不合理之处，规模效率明显制约了综合效率的提高。根据省情适当调整烤烟生产规模及结构，有望进一步提高生产效率。

(2) 四川烤烟生产存在投入冗余和产出不足现象。四川烤烟生产的土地成本和人工成本冗余量高，说明两者是推动四川烤烟生产成本上升的重要因素。现金收益产出不足，说明烟农没有得到应有的利益。合理利用土地资源，推动土地流转，大力发展规模化、机械化生产是提升四川烤烟生产效率的重要着力点，烟农的生产收益将超过土地的边际投入。

(3) 在对比区域中烤烟生产效率存在区域差异。甘肃、黑龙江和重庆的各效率值均达到1。就超效率看，比较区域烤烟生产效率排名依次是黑龙江 (1.4503)、甘肃 (1.4386)、重庆 (1.2300)、四川 (1.0811)、贵州 (1.0792)、吉林 (1.0426)、云南 (1.0104)、湖南 (0.9504)、全国平均水平 (0.9267)、福建 (0.8809)。四川排名第4位，具有比较优势。

5. 建议

四川作为全国第三大烟区，其烤烟生产效率非DEA有效，主要是规模要素投入效率较低，土地、人工投入高，产出率不足，虽然技术效率趋近有效，但还有提升的空间。为进一步提高四川烤烟生产过程中各要素的利用效率，降低烤烟生产成本，提高烟农收入，从投入角度提出以下改善生产效率的建议。

(1) 着力优化烤烟生产布局。种植面积已成为影响四川烤烟综合效率提升的最重要因素，要针对山区地形情况，因地制宜，加强种植规模布局，推进土地资源的科学管理与合理利用，同时有效施行资源布局、效益布局。资源布局即将有限的计划资源向优质的烤烟产区集中，将资金、项目、科技等先进生产要素向优势区域集中，推动烤烟产业从数量型向质量效益型转变。

(2) 创新驱动烤烟生产技术研发。技术是第一生产力，技术水平的高低反映农业持续增长的能力。加强国内外合作，提高烤烟生产技术水平，着力解决制约烤烟质量水平的技术瓶颈。在烤烟品种选育、烤烟调制、烤烟新栽培技术、烤烟用肥及用煤的转化率、机械化生产、烤烟烘烤技术等方面取得突破，有助于提高烤烟生产综合效率和超效率。

(3) 保障烟农利益，调动烟农积极性。积极引导土地经营权向烟农、合作社等流转，加强品种、施肥、田管、防灾、保险等技术和制度上的培训，培养懂技术、会管理的新型烟农；建立健全烤烟种植的灾害救助补偿机制，增强烟农抵抗风险的能力。从供给侧和需求侧发力，以提高质量效益为中心，提高上等烟的价格，确保烟农种烟"减产不减效"，维护好烟农利益，确保烟农收入稳定，安心生产。

第 5 章　提升四川农业研发创新驱动能力

农业不仅是我国国民经济的基础,也是国家自立、社会安定的根本所在。国民经济中最主要的物质生产是农业,农业的发展不仅关乎国民经济发展全局,更是影响且在一定程度上决定着我国在国际竞争中的地位。尽管我国始终坚持探索农业发展道路,并在农业科技等方面取得了巨大成就,但农业资源短缺、农业生产技术落后、经营方式粗放等现实问题仍然制约着我国的农业发展[1]。事实表明,传统的农业发展方式是难以为继的,党的十八大报告中明确指出,要实施创新驱动发展战略转变我国经济发展模式,并加快从要素驱动发展为创新驱动的步伐,由科技实力带动经济实力[2],要将创新与实际生产、成果与经济市场有效结合,使研发成果成功转化为真真实实的经济效益[3]。因此,如何实现农业现代化建设、加快农业发展方式转变、强化农业科技创新、实现农业的可持续发展,无疑是一个引人关注且必须突破的重要命题[4]。

由于人口数量剧增、耕地面积严重减少、能源减少、环境恶化以及粮食安全等问题的出现,以科技创新驱动农业经济发展方式转变势在必行,且创新驱动将成为经济发展的主引擎[5]。四川不仅是农业大省,也是西部地区农业科技强省。但四川农业科技创新的现有能力与农业现代发展的需求相比,还存在很大差距。要解决当前和未来的农业问题,就必须注重农业科技创新和技术研发与应用,只有这样才能促进农业生产力的提高,才能满足广大人民群众对生活物质的需求。

5.1　农业科技创新内涵

5.1.1　农业科技创新的界定

经济学中的"创新"是指建立一种新的生产函数,将新的思路和方法应用到经济生产中,从而形成新的生产要素组合,获得更多的利润。科技创新是科学与技术的一体化结合,是从新理论、新设想、新概念的产生到新产品、新技术、新工艺的创造,并实现产业化结构的完整过程。

与经济"创新"不同,农业科技创新是指以增强国家农业生产为目标,以粮食安全、

---

[1] 北京大北农科技集团股份有限公司. 创新驱动农业发展产学研助推行业进步[J]. 中国科技产业, 2014(11): 35-40.
[2] 赵炳权, 常小莉. 兰州市实施创新驱动战略 SWOT 分析[J]. 甘肃科技, 2014, 30(8): 1-3.
[3] 喻宝才. 创新驱动发展切实发挥科技创新支撑引领作用[J]. 中国石油企业, 2014(4): 14-18.
[4] 翁伯琦. 应将创新驱动战略融入农业[N]. 中国科学报, 2014-11-26(第 6 版).
[5] 刘丽伟, 高中理. 创新驱动视角下我国农业经济发展方式转变能力成长新态势分析——以湖南、广东创意农业为例[J]. 农业经济, 2014(12): 3-6.

生态安全、农民增收等为主要任务,从国家层面号召每一个公民和社会各组织、机构和单位,自主进行农业知识、技术、成果和产品的科技创新活动。农业科技创新主要包含以下三个层面的含义:一是原始性创新,即在农业领域努力获得更多的科学发现和技术发明;二是集成创新,即将相关农业技术成果进行融合,形成新的具有竞争优势的农产品或产业;三是充分消化吸收引进的国外先进技术或成果,并进行再创新。我国农业科技创新的主体包括农业研究院所、国家创新基地、高校、试验站、农业企业科研中心及非营利性社会组织等,因此,中国的农业科技创新具有多元性、松散性、弱质性及政府主导性等特点。

5.1.2 农业研发、创新驱动与经济增长的传导机制

转变农业发展方式的目标是转变农业经济增长方式,促进农业经济增长方式由要素积累驱动转向创新驱动,而研发和创新是实现国家经济增长由要素驱动向创新驱动转变的重要手段。

通过提升国家研发能力来促进创新和经济增长方式转变有两个关键环节,即增强研发的动力和能力,由此提高研发的传播速度与转化效率;通过研发实现的创新,则是促进国家经济增长方式发生转变的重要实现机制,是依靠提高要素的使用效率和全要素生产的贡献率来实现国家经济增长方式转变[1]。我国近些年才开始逐步重视把研发和创新作为农业经济系统分析的对象。当市场结构由垄断竞争市场代替完全竞争市场成为分析技术创新的经济背景后,技术创新的成本、研发投入、市场结构、专利、企业内部特征和产权组织等均会影响技术创新的规模和效率,这一观点也逐渐成了理论界的新共识[2]。自此,农业的研发和创新驱动正式成为国家经济增长理论框架的内生因素,从而得以系统分析。基于创新的经济增长传导机制的形成将经历三个主要阶段,即:研发发明、创新、技术传播与转移。

5.2 农业研发创新驱动的重要意义

创新研发的本质是将技术研发与生产紧密结合起来,将技术研发转化为生产力,从而推动社会发展。科技创新是农业现代化发展的根本动力,我国要实现农业的现代化发展,就必须依赖科技创新。

目前,四川省的农业科技创新能力相对较低,建设现代农业的任务十分繁重。面对食品安全问题,迫切需要培育优质高产动植物新品种,研究其配套栽培(养殖)技术;面对优势特色农业效益不足的现实问题,需要调整产业结构,提高农产品加工技术水平,提升市场竞争力;面对农业市场标准化建设需求,急需制定并完善农产品质量检测标准和检验检测体系;面对农民增收难问题,急需提升农业和农村经济集约化程度,提高农产品的市场竞争力,生产消费者需求的产品。要解决这些问题,必须大力提高农业科技创新能力。在创新发展的新阶段,四川省只有不断增强自主创新能力、深入实施创新驱动战略、落实推

---

[1] 唐龙. 研发创新与经济增长方式的转变[J]. 重庆科技学院学报(社会科学版),2013(3):67-69.
[2] 张培刚. 发展经济学教程[M]. 北京:经济科学出版社,2001.

进农业科技创新工程,才能从科技层面驱动农业发展,使科技与农业经济增长紧密相联。

5.3 四川农业科技研发现状

5.3.1 四川农业发展概况

四川是我国的粮食主产区之一,更是西南、西北地区唯一的主产区,2017 年全省粮食总产量达 3498 万 t,占全国粮食总产量的 5.66%,居全国第 6 位。四川粮食的供需基本平衡,除口粮外,还有一部分粮食用于生产饲料及酿造白酒等。此外,四川杂交水稻育种无论是在科研水平、制种量还是种子出口量上在全国都名列前茅。

近年来,四川省强力推进现代化农业产业基地建设,大力发展特色效益农业,全省优势特色效益农业已经逐步由零星散状向带状、块状的模式发展,形成了一批优质粮、油、果、菜、茶等特色鲜明的产业带和生产区。截至 2012 年底,全省累计认证或登记的"三品一标"产品达 3069 个,居全国前列、西部第一。"川字号"优质特色农产品走向全国,以"四川泡菜""峨眉山茶""宜宾早茶""川藏高原""大凉山""广元七绝"等一批区域品牌和竹叶青、吉香居等企业品牌已享誉全国。

2017 年,为了充分发挥现代农业产业融合示范园区在转方式、调结构、补短板、促融合、提效益、助增收等方面的重要作用,四川省委省政府印发了《中共四川省委四川省人民政府关于以绿色发展理念引领农业供给侧结构性改革切实增强农业农村发展新动力的意见》。总体要求做到"以农为本,做强产业,促进增收;改革创新,激发活力;绿色发展,生态友好"。

四川有平原、丘陵和山区等地形地貌,立体气候明显,生物多样性丰富。虽然四川的耕地面积仅占全国耕地面积的 4.7%,却养活了全国 6.6%的人口。原因在于四川的土地利用率高,耕地复种指数达到 248.9%,远远高于全国平均水平。此外,四川每年还能向其他省份出售大量的白酒、生猪和一定量的粮食。总而言之,四川农业发展,为全国粮食安全、经济发展和社会稳定做出了重要贡献。

5.3.2 四川农业科技研发现状

1. 农业科研机构的设置

农业技术创新的源头和知识库以及农业研发的主要力量是农业科研机构和农业院校,国家基础研究和重大应用技术的研究和开发任务几乎都由它们承担。截至 2014 年,四川省有四川省农业科学院、四川省农机研究院、四川农业大学等农业类科研教学单位 40 多个,涉及 60 多个学科和专业,有 2229 名农业科技研究人员,其中院士 1 名、省级以上学术技术带头人 89 名、国家现代农业产业技术体系岗位专家和试验站专家 27 人、四川创新团队首席及岗位(协作)专家 44 人、大学本科及以上学历的科技人员 1948 人[①]。建有国家农作物改良分中心 6 个、中试基地 47 个,省级以上重点实验室 18 个,国家级农作物原原种扩繁基地 20 个,国家重点开放实验室 3 个,农业类省级工程技术研究中心 4 个,国家产业技术体系综合试验站 26 个,国家级龙头企业创新技术中心 10 个,农业部丘陵山地农业装备技术重点实验室 1 个,省、市级现代农业技术培训基地 15 个[②]。"以应用研究为主、重点突出、各具特色、获准优势明显"的市州级农业科研体系 16 个,是全省农业科技创新体系发展不可缺少的重要力量[③]。

2. 研发创新能力与取得的科技成果

四川省农业和农村科技工作的开展都是紧紧围绕中央、四川省委一号文件和农村工作会议精神来进行的,以需求为导向来设置科研课题,以产业发展和农民需求为中心来进行农业科技创新和完善新型农业科技服务体系建设,有力地促进了农业、农村的发展。

表 5-1 四川省创新能力综合指标及一级指标全国排名

指标	2001 年	2005 年	2010 年	2011 年	2012 年	2013 年	2014 年
创新能力	12	18	9	9	11	15	14
知识创造	19	17	10	7	9	9	9
知识获取	18	20	8	14	8	14	11
创业创新	9	12	12	10	16	20	19
创新环境	23	15	7	6	11	11	10
创新绩效	22	30	15	20	19	12	11

表 5-2 2013~2014 四川省创新实力、效率和潜力指标全国排名

指标	综合		知识创造		知识获取		企业创新		创新环境		创新绩效	
	2013 年	2014 年	2013 年	2014 年	2013 年	2014 年	2013 年	2014 年	2013 年	2014 年	2013 年	2014 年
创新实力	10	9	8	8	11	8	14	14	10	9	13	10
创新效率	19	19	20	12	24	20	22	21	20	22	17	14
创新潜力	17	16	9	10	19	9	29	25	16	21	3	4

据《中国区域创新能力报告 2014》显示,四川省 2014 年度的创新能力居全国第 14 位,比 2013 年提升了 1 位;知识创造、知识获取、创业创新、创新环境和创新绩效 5 项一级指标分居第 9 位、11 位、19 位、10 位和 11 位,与 2013 年相比,有 5 项排位上升,

---
① 四川省统计局,四川省科学技术厅. 四川科技统计年鉴 2014[M]. 北京:中国统计出版社,2014.
② 舒长斌,张熙. 关于提升四川省农业科技创新能力的思考[J]. 四川农业与农机,2014(3):12-14.
③ 彭德华,向跃武. 解放思想深化改革大力促进农业科技创新成果转化——关于四川省农业科学院科技创新成果转化的思考[J]. 农业科技管理,2014,33(2):27-29,80.

1 项持平(表 5-1)。近年来,四川省创新绩效指标值有较大的提高,整体保持着较好水平。其中,创新能力包括创新的实力、效率与潜力。创新实力是指拥有的创新资源总量,包括科研人员、设施、经费投入总量等;创新效率是指单位投入所产生的效益,包括科技人员人均论文数、专利数等;创新效率则是指单位发展速度。从表 5-2 可以看出,与 2013 年相比,2014 年四川省的创新实力和创新潜力均上升了 1 位,分别居全国第 9 位、第 16 位;创新效率仍居全国第 19 位。四川省除"企业创新"外,其余 4 项一级指标在创新实力方面均排名全国前 10 位;创新潜力也较有竞争优势,知识创造、知识获取、创新绩效 3 项一级指标均居全国前 10 位;但创新效率整体偏低,需要在未来的科研工作中更加重视。总之,四川省的整体创新实力在稳步上升,但创新效率较低,研发资金投入的综合指标较有优势,但分配到单位及个人的研发经费十分有限,产生的科研成果处于中游水平,无论是科研投入还是科研成果都有待提高。

在农业方面,四川省紧紧围绕生产能力建设和现代农业产业提质增效,立足机制、体制、手段和管理创新,深入推进农业科技创新和成果转化,为全省粮食安全和农业产业发展提供了科技支撑和人才保障。截至 2013 年,四川省育成并通过国家或省级审定的农作物新品种 97 个,创制育种新材料 120 余份,研究集成新技术、新模式 60 余项,获得授权专利 40 项、国家及省级科技进步奖 38 项。全省农业科技成果应用率高达 70.8%,主要农作物良种覆盖率达到 95%,主导品种和主推技术入户率达到 90%,农作物病虫害损失控制在 3% 以下。此外,全省已经建成了 4 个国家级农业科技园区,位居西部第一。重点支持了 38 个新农村示范片农业科技园区建设,投入经费 1140 万元,转化新产品 240 个,实现产值超过 100 亿元。四川省自主培育了一大批新品种,研发出了一大批新技术,并成功推广应用到了实际生产中,全省农业科技贡献率达到 55% 以上[①],不仅为全省粮食安全提供了保障,而且为农民增收提供了有力支撑。

5.3.3 制约四川农业研发创新驱动的因素

1. 研发投入因素

从科研投入强度分析,四川省的科研经费几乎都来自政府的事业费和课题费,尽管投入到农业科研领域的经费在逐渐增加,但其投入水平和比例仍然远远低于其他行业,从根本上影响了农业科技创新水平和能力的提高。由表 5-3 可知,2014 年政府投入到农业科学领域的资金占政府资金总投入的 18.29%,处于五个学科领域的中等偏下水平。表 5-3 还反映出,农业科研经费不仅投入少,且农业科研支出也在不断增加。由于农业科研经费有限,且来源单一,大部分农业科研单位都集中精力搞创收工作,很多科研人员都将心思和精力放在了科研课题立项、申报上,为科研经费疲于奔波。

---

① 彭建华,向跃武. 解放思想深化改革大力促进农业科技创新成果转化[J]. 农业科技管理,2014(4):27-29,80.

表 5-3　2014 年学科领域经费分布情况　　　　　　　　　　　　　　　　（单位：万元）

学科领域	经费收入总额	政府资金	经费支出总额	科技经费支出
自然科学领域	118070.5	98805.4	112911.2	91861.3
农业科学领域	94337.7	74891.4	90414.0	75281.2
医学科学领域	27414.0	12862.0	63413.8	54743.9
工程科学与技术领域	287615.7	182980.1	240598.1	149663.8

从总体投入分析，2014 年四川省在农业研究方面的投入强度（农业科技政府投资占农业总产值的比重）为 0.5%左右，低于全国平均水平（0.53%），远远低于发达国家 2.3%的平均水平。在单项投入方面，四川省每年投入 2000 万元到农作物和畜禽育种攻关中，仅相当于山东省的 60%、湖南省的 75%。农业研发创新资金投入风险大、周期长、见效慢、回报低等特点，使得政府、企业等投资农业的积极性不高，导致农业研发经费来源不稳定、经费不足、农业资助强度低、科研条件差等现状。因此科研经费投入因素已经成为制约四川省农业科技创新驱动的主要因素。

2. 研发投入结构因素

根据《四川科技统计年鉴2014》数据显示，科研经费支出中专业技术服务与应用研究和试验发展的比值约为 1∶1.45（534728∶773054），可见四川农业科研有限的课题经费更多的部分是用于科技含量较低的应用研究和试验发展中，而用于自主原创性基础研究的经费投入比例就更加少，对农业科研创新力和竞争力的提高有着严重影响。此外，科研经费的管理采用的是条块分割、多部门多渠道分配的模式，使得能够运用到关键研发的经费更加不足。同时，科研立项一直以来都存在盲目性和低水平的重复性，导致创新意识和创新力度不强。另外，长期以来四川省科技资源存在不集中的现象[①]。

3. 课题竞争因素

目前，农业科研立项活动在农业科研院所、农业部门、高校及有关政府机构都非常受重视，竞争相当激烈，农业科研人员将过多的时间和精力都花费在了科研项目申请上，导致"跑项目"的现象在科研人员和科研单位中都异常严重。据中国科学技术协会调查数据显示，仅有四成左右的科研经费切实用在了科研项目中。此外，科研经费的分配全省尚未形成一盘棋的科研大协作模式，而是一味地强调竞争机制，这使得科研经费投入区域不平衡、产业发展不平衡，导致资源分散、交易成本上升、农业科研效率整体低下的现象。甚至在一些偏远地区和经济、技术基础薄弱的地区，由于没有竞争优势，长期以来都没有项目研究，这样不利于全省农业的现代化发展。

4. 研发方向与重点

农业科技创新的方向和重点与现代农业发展的需求仍然存在很多不相适应的地方，如

---

① 吕火明，李晓，刘宗敏，等. 农业科技创新能力建设研究[M]. 北京：中国农业出版社，2011.

在农业发展、农业生产污染治理、农村生态等部分重大公益需求方面缺乏深入的研究，同时愿意参与该类研究的科研人员也极少，而蔬菜水果保鲜方法和农产品加工的研究一直以来都是研究的"短板"；在农作物育种方面，长期处于低水平分散重复研究的状态，缺乏技术创新，没有根本好转；部分科研人员在研究中对新技术的运用相对比较滞后，且研究思路和方法也过于传统；此外，评价体系的不完善，导致围绕论文、职称做科研的现象仍然较普遍。

5. 管理体制因素

目前，农业科研机构主要是按照行政区划设立的，不是按自然资源、生态和农业区划设立，从而导致机构、学科、专业设置重复，科技资源配置不合理，浪费严重；部门、单位、条块分割，各自为政，学科专业过窄；另外，科研机构对行政部门的依附性很强，使得科技系统在结构上的优化组合障碍重重，总体运行效率低；现阶段的科研创新能力还远远不能适应现代化农业区域化、规模化、特色化生产和发展的需求。

四川省的科技人员评价主要是量化评价，评价结果直接影响科技人员的职称、工资等切身利益，这种过度硬性的数量要求引导和刺激下，研究人员往往采取各种手段增加学术论文的发表量。有相关数据表明，农业专利和论文的产出数量虽然在逐年增加，但质量却没有提高；鉴定成果多，但高水平成果并不多，使得研发创新水平和能力提升受阻。

5.3.4 农业科研机构创新驱动案例分析

近年来，四川省根据科学发展观的要求，大力实施科技兴农战略，加大本省农业科技创新的推进力度，不断促进农业科技进步，努力提高农业产业化经营、农畜产品加工和农业科技进步在农业中的贡献率。而作为区域性的综合农业科研单位——四川省农业科学院，在农业现代化发展进程中扮演着重要的角色，肩负着光荣的历史使命。本节将以四川省农业科学院为例，探讨如何创新驱动农业研发，提高农业科技自主创新能力。

1. 四川省农业科学院概况

四川省农业科学院于1964年正式建制，全院现设14个研究所(中心)和1个服务中心，包括作物所、土肥所、植保所、生核所、信息所、遥感所、水稻所、园艺所、茶叶所、蚕业所、经作所、加工所、水产所、测试中心。

截至2016年，全院共有职工2431人，其中在职职工1209人。在职职工中有博士132人、硕士258人；研究员105人，副研究员243人；国务院政府津贴专家23人；省优专家11人，省学术和技术带头人34人、后备人选29人；国家杰出专业技术人才1人，四川省科技杰出贡献奖获得者1人；四川省杰出创新人才奖获得者2人；农业农村部专业技术体系岗位专家16人，试验站长15人，国家现代农业产业技术四川创新团队首席专家7人、岗位专家16人；国家百千万人才工程国家级人选和新世纪百千万人才各1人。

全院设有粮食和经济作物育种、种植制度、信息技术、资源环境、生物技术、蚕桑、水产等50多个学科和专业。先后建设了一批国家级研究中心和国际合作中心(实验室)，包括农业农村部植物新品种保护测试(成都)分中心,四川省农业科学院水稻区域技术创新中心,国家农作物改良中心成都玉米分中心、泸州水稻分中心和简阳棉花分中心,农业农村部遥感中心西南区域分中心,农业农村部转基因植物环境安全监督检验测试西南中心,农业农村部食品质量监督检测中心,水稻、玉米、小麦、油菜、棉花、高粱等原原种基地和农业农村部长江上游农业资源与环境重点开放实验室,联合国粮农组织国际农业信息体系中国西南分中心,四川省国际科技合作基地及中国和德国联合建立的"中德油菜研究中心",博士后科研工作站等创新平台。

2. 四川省农业科学院研发能力现状

"十一五"以来,四川省农业科学院获得国家级、省(部)级等科技成果奖共计103项。其中,有2项科技成果获得国家科技进步奖一等奖,8项获得国家科技进步奖二等奖,共占全省农业类优秀获奖成果的67%,无论是获得的奖励数量还是获奖级别在全国都名列前茅、西部第一;省级科技进步一等奖19项、二等奖27项,分别占全省农业类获奖成果的55%和69%。四川省农业科学院作物所、水稻所、土肥所的农业科研综合能力均进入全国百强,其中作物所在国家、省和市三级农业科研单位总排名中位于第7,省级排名位于第2。

"十一五"期间,四川省农业科学院培育的高产优质农作物新品种有268个,在四川省农作物育种攻关育成的品种中约占40%。3个农业部认定的超级稻,获得40项品种权,四川省的主推品种有37个。全省公认产量最高的品种包括玉米成单30、小麦川麦42和水稻川香优9838,且均已被大面积推广种植。全省种植的高粱品种全部由省农科院培育、蚕桑和棉花品种约70%由省农科院培育、蔬菜品种约50%由省农科院培育。此外,柑橘、梨及食用菌主推品种,80%以上都是由省农科院选育和引进的;四川省农业科学院研制了50余项先进实用技术,有多项技术已成为全省主推技术;国家农业部正式公布的80项主推技术中,四川省农业科学院研制的西南玉米雨养旱作增产技术、西南地区稻茬麦免少耕栽培技术、旱地套作小麦带式机播技术、油菜根肿病综合防治技术已成为主导技术。

"十一五"以来,全院研制的主要农作物新品种、新技术在省内外累计推广种植约4.7亿亩,约占全省粮棉油作物种植面积的40%,粮食累计增产300亿kg,社会经济效益累计新增350亿元左右。在全省不同生态区建成了各具特色的综合型中试熟化基地8个,果树、蔬菜、食用菌、茶叶、蚕桑、棉花、水产等特色农业示范基地30余个。在全省成功设立了水稻、小麦、茶叶、食用菌、节水农业、旱作农业等50多个专家大院,派出500余人担任省、市、县各级科技特派员。通过品种和技术集成,在全省"点、片、面"上连续创造了多项四川、西南乃至南方主要作物高产纪录。

3. 四川省农业科学院研发创新驱动的经验与方法

(1)始终坚持科研是为生产服务的原则,从实际生产需求中寻找科研课题,确定研发创新驱动任务。四川省农业科学院以"有所为、有所不为"的基本要求为依据,制定了"全面发展、重点突破"的科研创新驱动发展思路,以国内、国际市场的科技需求为中心,始终坚持"项目来自生产,成果用于生产"的研究思路,在生产实践中不断发现问题并解决问题、确定研究方向、制定研究目标、落实研究任务。尽最大努力集中人、财、物，组织科技攻关，力求取得创新突破。

(2) 在实际工作中，按照四川省委、省政府的战略部署，紧紧围绕"走生产技术先进、经营规模适度、市场竞争力强、生态环境可持续的中国特色新型农业现代化道路"的要求，确定研究方向、组织创新团队。

(3) 加强各学科制度建设，调整学科结构，优化研究方向，提高农业自主研发创新能力，是增强农业科技创新能力的重要途径之一。四川省农业科学院将学科建设分为优势学科、高新技术学科和新兴学科3个层次来统筹推进：①优势学科的主要领域均进入国家和省级创新团队，从而提升省农科院优势学科在国家和省级层面的影响力。②高新技术学科在水稻、小麦、玉米等国家转基因重大专项领域有所突破，表明生物技术研究正逐步走向深入。③新兴学科重在整合科研力量，组建科技创新团队，争取重大产业化项目资助，建立国家综合实验站。

5.4 提升四川农业科技研发创新驱动能力措施

四川省始终以科学发展观为依据，坚持实施科技兴农战略，不断加大创新驱动农业发展的力度，推进农业科技进步，提高科技创新在农业发展中的贡献率，同时优势和特色的农业科研团队正迅速成长。目前，新型农业科技研发体系的建设已初现成效。但四川农业科技研发仍然面临着研发经费投入不足、课题过分竞争分配不均衡、研发结构不合理等困境，这些不利因素共同交织互作，大大制约了农业科技人员的积极性、创造性，也限制了四川省相关农业研发创新驱动能力的提升，已成为四川省农业原创性成果少、重大突破性成果不足、专业技术储备缺乏的主要原因，制约着四川省现代农业的建设和发展。结合实证分析结果并借鉴前人研究结果，对提升四川省农业创新驱动能力提出以下几点建议。

1. 驱动发展新型研发机构

根据波特的国家竞争优势四驱动阶段理论，目前四川已经初步进入创新驱动阶段，农业发展也正在向"质量农业"和"现代农业"发展。因此，该阶段的主要动力是创新驱动能力，现代农业的发展离不开创新驱动的支持。传统科研机构负担重、人才流失问题较严重，抗市场冲击能力弱，严重阻碍了四川农业的现代化发展。近几年兴起的新型研发机构是一类与传统科研机构有区别的科研组织形式，主要具有以下几个方面的特征：①功能定位新。新型研发机构都是以市场需求为导向，注重满足产业结构调整对技术的需求，将科技创新与产业化集于一体。②合作方式新。以"共同投入"的合作形式引入大量民间资金，主要由国内高校、科研院所或社会科研组织联合创办。③运作模式新。实行"事业单位，企业化运作"模式[①]。

目前，中国科学院广州生物医药与健康研究院、东莞华中科技大学制造工程研究院、

---

① 沈超，郑霞. 新型研发机构助力广东创新驱动发展[J]. 广东科技，2015(10)：24-27.

深圳清华大学研究院等一批有特色的新型研发机构,通过创新体制机制激发科研活力,以原始创新提升学术影响力,以技术创新提高成果转化率,以协同创新更好地为地方经济建设服务,已经取得了一批具有国际影响力的科研成果,有力地引领、辐射和支撑了地方农业产业的发展[1]。四川现代农业发展也正在积极建立并完善新型研发机构,同时带动农业产业链从研发到市场销售的发展。有望在未来形成具有自身特色的科研创新模式、技术服务模式和产业发展模式,创造出一批具有自主知识产权的新材料和新技术。

2. 驱动发展"拓展与参与"的管理体制

党的十八大召开以来,全面实施创新驱动发展战略,不断深化科技体制改革已经成为我国科技创新的新一轮奋斗目标。近年来,国外科研机构和大学都日益重视"拓展与参与"理念,并以贯彻"拓展与参与"理念作为机构组织转型的目标[2]。在此背景下,为了更好地衔接上国家的科技发展战略目标,我们应该"拓展"学术发展研究工作,广泛合作"参与"科技研发活动,进而更好地为现代农业发展服务[3]。农业科研机构是农业科研活动最直接的组织者和参与者,因此完善科研机构的管理体制,是决定我国相关农业科研工作方向、重点和效率的关键。

"拓展与参与"型管理体制要求去除传统农业科研管理体制的弊端,重新定位农业科研机构的功能,将农业科研机构与政府的隶属关系逐步转为契约管理关系,强化科研机构的使命及科研任务管理的权利;探索以科研绩效为主导的资源配置模式,从科研效益、经济效益和社会效益三个维度,对科研机构实施绩效评估;开展多样化的科研创新分工合作,强化跨域合作,建立更加紧密的共同利益纽带,加强政府、企业、科研院所和投资方的合作。

3. 以市场需求驱动农业研发

农业科技研发资源及其活动主要集中在科研单位,科研机构的产出效率影响并决定着科技作为第一生产力的作用能否有效发挥[4],广大科技人员要以市场需求为导向,以农业发展的热点和难点问题为导向开展科技攻关,从科技层面解决四川省农业发展基础性、全局性、方向性、战略性及前沿性的重大农业科技问题,在涉及粮食安全、产业结构调整、农业生态环境等领域形成具有一定竞争力的农业研发创新基地和创新中心;将种质基因资源与基因改良、杂交优势利用与分子遗传育种、低投入高产出的资源高效利用技术、农业药物生产技术、农业环境工程与生态保护技术等关键领域和关键技术,作为各农业研发机构创新的重点,尽快取得具有突破性和实用性的科研成果,提高农业产业的市场竞争力,推动四川省农业现代化发展。

---

[1] 陈剑平, 杜琼. 拓展与参与:农业科研机构治理体系的新变革[J]. 农业科技管理, 2015, 34(2): 1-4.
[2] 吴伟, 邹晓东, 王凯, 等. 拓展与参与:美国公立大学功能的新变化[J]. 高等教育研究, 2013(6): 84-93.
[3] 吴伟, 邹晓东, 王凯, 等. 拓展与参与:美国公立大学功能的新变化[J]. 高等教育研究, 2013(6): 84-93.
[4] 翁伯琦. 应将创新驱动战略融入农业[N]. 中国科学报, 2014-11-26(第6版).

4. 驱动发展"多元化"投入体系

目前农业科研单位和机构面临的问题非常之多,其中最为重要的问题之一就是资金投入问题。主要从以下两个方面来解决农业科研经费问题:一是全面调整政府财政的投入结构和方式,提高农业科技研发经费投入比重,增加专项经费(特别是科学技术研究经费)比重,缩减部分竞争性农业研究经费比重,不断加大政府经费的投入力度,以确保对农业科研单位的基本支出以及对重大农业基础性研究等相关方面的长期稳定支持。二是鼓励开发高效产业技术,形成政府、企业与市场相结合的多元化、多渠道、高效率的农业科技研发创新新格局。

5. 提高农业科技自主创新能力

我国各个行业领域的科技研发长期处于追踪和模仿的发展模式中,且占比很高,而自主研发开创的科技成果非常少,农业科技研发领域的现状也是如此。从长远来看,模仿和追踪的研究方式不利于农业、科研机构的发展。四川省必须将农业研发创新驱动战略作为新时代、新背景下提高农业综合创新能力的首要任务,将科技研发由传统的追踪、模仿、引进模式转变为自主研发创新模式。只有立足于自主创新才能在农业科技的前沿领域和新兴领域占有一席之地,才能满足农业产业结构调整对科技的需求,才能有助于农民增收和满足市场需求。

第 6 章　加快四川农业科技成果转化

6.1　农业科技成果与转化

6.1.1　农业科技成果

科技成果，是指通过科学研究与技术开发所产生的具有实用价值的成果[①]。而农业科技成果则是农业科技人员通过脑力劳动和体力劳动创造出来并且得到有关部门或社会认可的有实用价值的知识产品的总称[②]。根据我国农业部 1988 年颁发的《农业科学技术成果鉴定办法（试行）》可知，农业科学技术成果是指农业方面的科技成果，包括林业、畜牧业、种植业、渔业等涉农行业的各个领域，并在这些领域中通过调查研究、试验推广及生产应用等手段，所提出的可以推动农业科技发展与进步，具有较明显的经济效益、社会效益且通过鉴定或能够被市场认可的物质、方法或方案[③]。

通过对农业科技成果转化、推广应用的分析，农业科技成果主要包括基础研究型、引进消化型、农业应用型和农业设施型 4 类。

(1) 基础研究型科技成果。基础理论研究能够作为任何一项科学技术发展的支撑，因此在基础理论研究上取得了新突破，将在很大程度上提高农业科技成果的成功转化。比如，要彻底解决全球人口面临的粮食短缺问题，基础研究就不能仅仅局限于耕地类型和方法、劳动方式以及施肥用量等方面，况且这些研究成果的转化利用可能会带来新的生态环境和粮食安全生产等问题。要实现农产品高产优质的目标，只能优化与创新农业生物技术。

(2) 引进消化型科技成果。农业引进科技成果就是指将一些区域取得的农业科技成果运用到其他地区。尽管这些被引进的科技成果已经在原产地有效而成功地应用，但是由于各地区温度、环境、降水量、土壤、地质等因素的差异，因此对引入科技成果的地区而言，需要对引进科技成果进行适当调整和优化，不能一味地生搬硬套。尤其是农业生产中的良种引进，良种是指与原种相比在某些性状上更具优势，更满足人类生产生活需求的改良品种。这些良种在实验室和试验田中表现出优良性状，具有大面积推广种植的潜力。但在实际生产中，由于地区差异等问题的存在，因此存在生产风险，但是不能否认其若生产成功，将为投资者带来可观的商业效益。

(3) 农业应用型科技成果。农业应用型科技成果是指与农业生产实践相关的，经过适应和调整后获得的且具有一定实用性的农业科技成果。这些成果是已经大面积成功推广

---
① 《中华人民共和国促进科技成果转化法》。
② 高启杰. 农业推广学（第二版）[M]. 北京：中国农业大学出版社，2008.
③ 农业部《农业科学技术成果鉴定办法（试行）》（88 农科字 31 号）。

的，包括稳产且市场经济效益可观的良种、幼苗、农药、化肥等。不仅农民可以放心使用，而且商业化投资的风险也小，创造良好经济效益的可能性较大。

(4)农业设施型科技成果。要实现农业的现代化发展，使农业生产规模化和工业化，就必须以农业基础设施研究为依托，尤其重视与农业种植、生产和加工相关的农具、农机及其他基础设施的研究。对有一定市场需求且技术成熟的农业基础设施型产品可以进行批量生产，以满足农业发展需求。对这类科研成果而言，有稳定可靠的资金投入就能成功，风险性也极低。

6.1.2 农业科技成果转化

科技成果转化，是指将在实验室和小规模试验基地中取得的科技成果，继续进行更深入更全面的试验、开发、应用及推广，直到形成新技术、新产品、新工艺、新材料、新产业等的活动[1]。科技成果转化可提高生产力水平，促进社会经济稳定发展。

农业科技成果转化，则是指将农业科技创新部门、机构或组织成功研发的，具应用价值的成果，经后续进一步试验、开发及应用推广，转化成可以直接应用到农业生产中的新技术、新品种、新肥料、新农药、新机械或新设施等。农业科技成果转化有利于促进农业产业规模化，使农业经济效益更显著，最重要的是能将农业科技成果中潜在的、知识形态的生产力转变成现实的、物质的生产力[2]。广义的农业科技成果转化，是指以可供转化的应用研究和开发研究成果作为起点，经过推广物化阶段，实现商业化、产业化直到获得预期收益的整个过程；狭义的农业科技成果转化是指成果物化后再推广应用于农业生产中且发挥作用的前半阶段的过程[3]。

应用科研成果进行生产的科研、推广、中介等人员或组织机构是农业科技成果转化的主体。这些主体对农业科技成果的转化起关键性和决定性作用；而在实验室取得的具体的农业科技成果，尤其是应用和开发研究方面的研究成果是农业科研成果转化的客体。而最终利用农业科技成果进行生产的个人、集体或单位是科技成果转化的受体，同时也是农业科技成果经济、社会、生态等效益的最终受益者。

6.2 农业科技成果转化特征

农业科技成果的转化受转化主体、受体和客体的限制，其成果转化过程除具有一般科技成果转化的共性之外，还有其特殊性。总体上，农业科技成果转化有以下几个特征[4][5][6]。

---

[1] 《中华人民共和国促进科技成果转化法》。
[2] 王慧军，刘秀艳. 中国农业推广发展与创新研究[M]. 北京：中国农业出版社，2010.
[3] 吴敬学，张琳，王志丹，等. 农业科技成果转化：模式、机制与绩效研究[M]. 北京：经济科学出版社，2013.
[4] 朱玉春，霍学喜. 我国农业科技成果转化的制约因素及对策研究[J]. 农业技术经济，1999(3)：19-22.
[5] 陈斐，康松，康涛. 试论我国农业科技成果转化的问题和对策[J]. 科研管理，2004，25(1)：23-28.
[6] 吴敬学，张琳，王志丹，等. 农业科技成果转化：模式、机制与绩效研究[M]. 北京：经济科学出版社，2013.

1. **农业科技成果转化周期长**

一个完整的农业科技成果转化过程需要很长的周期。其前期就包括农业科技项目的提出、申请、确定、研究开发、成果中试与示范等环节。前期工作取得成功再进行成果转让与推广等,该过程涉及农业科技研究机构或院校、农业推广部门和农业生产部门等多个部门。事实证明,从一个农业科技创新思路的提出到科学研究成功,再到将科技成果成功转化为现实生产力最终形成新产品,需要几年、十几年甚至更长的时间。据农业农村部不完全统计显示,一项农业科技成果的研究周期为6~13年。

2. **农业科技成果转化具有选择性**

绝大多数尚未转化的农业科技成果都是在实验室或试验田中获取的,实验室和小区域试验的成功不能够也不可以代表大面积、大范围推广就一定成功。自然环境、资源等因素都能够显著影响农业生产,农业生产过程本身就十分复杂,而且区域性也很强,因此农业科技成果的转化具有选择性,要因地制宜进行。人为因素也会在很大程度上影响农业科技成果的转化,特别是受成果最终使用者素质和能力的影响较大。我国农民的文化素质整体较低,内部差异大,由于技术应用主体的较大差异,因此在成果转化过程中要有针对性和选择性。

3. **农业科技成果转化是一种市场自发选择过程**

市场是农业科技研究成果获得和转化为现实生产力的动力,一项农业科技成果能否转化为生产力,主要取决于其是否具有经济价值及其价值的大小。通俗地说就是利用该农业科技成果生产的农产品有没有市场、有没有购买者、能不能给使用者带来效用以及效用的大小。如果生产的产品不仅有市场,而且利润大、风险小,那么成果的转化就会非常迅速。反之,该科技成果则不会很快转化甚至不会被转化。

4. **农业科技成果转化具有社会公益性**

农业是国民经济的基础,是安天下的战略产业。农业科技成果具有社会公益性,其转化过程也具有社会公益性。一项优秀农业科技成果的转化推广,能够带来农业技术进步,为农业发展注入技术动力,促进农业产出增加和农业发展,最终造福整个国家和社会。因此,国家应大力支持先进农业科技成果在生产生活中的转化和推广。

5. **农业科技成果转化具有复杂性**

农业科技成果转化是一个非常复杂的过程,涉及诸多要素和环节,这一过程受自然环境和社会环境条件的双重制约。此外,农业科技成果转化还需要各部门和各领域相关人员的参与,大量技术和政策的支持,且在该过程中还需要不断进行修正、完善,还要克服很多艰难险阻,付出长久努力才能成功。

6. 农业科技成果转化效用具有滞后性

在很大程度上农业生产受到自然环境的限制，且风险系数高。农业生产的周期长，会导致农业科技成果效益在实际生产过程中产生滞后性。而且，在实际生产过程中各项农业科技成果能否达到预期效益也不能确定。尤其是一些技术类科技成果，由于转化难度大、转化周期长，导致其效果不能及时发挥出来。如农业生态保护、农田改造等技术成果，要经过若干年的推广使用才能逐渐显现效果。

6.3 四川省农业科技成果转化现状

经过多年的建设和发展，四川省的农业科技进步贡献率整体稳步增长，从 2006 年的 45%增长至 2014 年的 55%，超过了土地资源、人口劳动力资源、其他物质资源等投入要素的总贡献份额，为传统农业向现代农业转变提供了动力。当然，农业科技进步贡献率的显著上升，离不开科研工作者和农技推广人员在农业科技成果转化和推广工作中的努力。2014 年，全省农业科技成果转化应用率[①]达到了 71.8%，主要农作物耕种收综合机械化水平达到了 50%。

6.3.1 构建创新投入稳定增长机制，显著提升农业科技创新能力和成果供给水平

提高农业科技自主创新能力的重要保障之一是资金投入。农业科技的资金投入是农业科技创新能力建设的重要环节。农业科技研究资金投入水平不仅是衡量一个国家和地区农业科技研究状况的重要指标，也是判断这个国家或地区农业科技发展水平的重要依据。"十二五"期间，四川省委、省政府高度重视"三农"工作，坚持走科技创新型农业发展道路，农业科技资金投入呈稳步增长趋势。

6.3.2 构建现代农业技术创新体系，增强产业发展科技支撑能力

为与国家现代农业产业技术体系对接，2008 年四川省率先在全国启动了地方创新团队建设，聚集省内农业科研、教学、推广单位的专家，组建了四川农业科技创新团队，围绕产业发展的技术瓶颈开展创新研究和集成示范。目前，水稻、玉米、油菜、茶叶、蔬菜、生猪、食(药)用菌、薯类、水果、麦类、攀西特色水果和区域优势产业 12 个创新团队已经取得了可喜的成果，获得多项育种组合(材料)，研发出众多新技术、新工艺及新产品，大大增强了产业发展的科技支撑能力。

---

① 应用率=应用成果数量/成果总量。

6.3.3 实施重大科技成果转化专项，加速农业重大科技成果转化

2011 年四川省启动实施重大科技成果转化专项以来，按照《四川省重大科技成果转化工程实施方案(2011—2015)》的具体要求，农业领域农畜超级种和现代农业优势特色产业两大专项遵循"市场导向、政府引导、企业主体、产学研结合、经济效益和社会效益并重"等原则，以提升自主创新能力为核心，以促进成果转化与农村经济社会发展紧密结合为重点，立足优势特色产业，多维整合、协同创新，推动四川省农业科技成果商品化、资本化、产业化，助力全省农业经济发展迈上新台阶。到目前为止，四川农业领域两大专项共实施 142 项重大科技成果转化项目，涉及生猪、水产、薯类、蔬菜、禽类、水果、林业、茶业、食(药)用菌、小麦、玉米、水稻、生物制剂等多个优势特色产业。

(1) 农业重大科技成果转化有力地促进了农业产业技术创新升级。"十二五"期间，四川重大科技成果转化项目的实施申报专利总数 622 项，其中申报发明专利数 270 项，获得专利授权总数 495 项，其中获得发明专利授权 146 项；形成鉴定成果 68 项、获得新品种 168 个、获得软件著作权 24 项、形成行业技术标准 61 项、获得其他科技成果 63 项、获得省部级以上奖励 38 项。

(2) 农业重大科技成果转化有力地推动了农业企业创新能力提升。"十二五"期间，承担四川重大科技成果转化项目的上市企业 8 家，高新技术企业 26 家，国家级创新性企业 4 家，省级创新型企业 21 家，国家级农业龙头企业 26 家，省级农业龙头企业 57 家。拥有企业工程技术研究中心、重点实验室、产业技术研究院、产学研技术创新联盟、企业技术中心等各类研发机构 194 个，培养专业人才 16.62 万人，新增就业岗位 6.12 万个，培养人才 1.42 万名，引进人才 866 名。

(3) 农业重大科技成果转化有力地支撑和引领了农业产业经济发展。"十二五"期间，四川实施重大科技成果转化项目 236 项，新建科技示范基地 1274 个，成果转化推广面积 8783 万亩，改建(完善)生产线 143 条，新建生产线 140 条，新增产值 230 亿元，新增利税 41.6 亿元，新增销售收入 219 亿元，出口创汇 1.39 亿美元，带动上下游产业实现产值 742 亿元。培训新型农民 82.8 万人次。

由四川农大高科农业有限公司承担的 2012 年度农业领域重大科技成果转化项目"优质'环保型'超级杂交水稻新品种产业化"实施三年以来，依靠科技进步与创新，立足改善稻米品质结构、保护农业生态，形成了成果转化和产业化新机制。采用"政企互作、战略联盟、产学研合作、集群合作创新"等形式，按照"多点试验、重点示范、成功应用"的工作思路，在南方稻区建立中稻试验示范点 30 个，早、晚稻新品试验示范点 10 个，在东南亚增设 3 个水稻试验示范站。通过项目实施，水稻种子年生产能力达 1000 万～1500 万 kg，杂交水稻国内市场占有率达 4%，累计推广应用面积 900 万亩，实现销售收入 3.3 亿元。

6.3.4 构建新型农业科技推广体系,加快技术成果转化应用步伐

目前,四川省各级农业推广服务机构,全部实现了与经营性服务分离,财政保障能力明显增强。近年来,各级公益性农技推广机构发挥主导作用,引领社会各方面力量积极参与,推动农技推广方式方法改革,先后实施了农业科技入户工程、粮油高产创建活动、良种良法入户到田工程和农业科技大培训、大示范、大推广"三大行动"等农业重大活动,层次越来越高、范围越来越大、效果越来越显著。

在农业科技创新服务体系中,农业科技园区发挥了重要的研究、展示、培训、辐射作用,成为促进农业高新技术产业发展的有效载体。目前,四川省已有国家级农业科技园区3个、省级农业科技园区93个,有875家企业成为园区业主。

6.3.5 创新农民培训模式,培养农业科技成果应用主体

四川省坚持政府推动、学校主办、部门监管、农民受益的原则,建立健全了管培分离、法人负责、检查验收、资金直补培训机构、动态管理等一系列农民科技培训项目监管制度,确保了培训质量和农民受益。坚持公开、公平、公正原则,以政府投入为主导、整合资源建基地,在全省认定了10个省部级现代农业技术培训基地,683个阳光工程培训基地。近年来,围绕粮食增产和特色效益农业发展,四川省每年培训新型骨干农民20多万人、农村实用技术培训2000多万人(次),一大批有文化、懂技术、会经营的新型农民成为促进农业农村经济发展的有生力量。

6.4 四川省农业科技成果转化存在的问题

虽然"十二五"期间四川省农业科技成果转化取得了不俗的成绩,但也要清醒地认识到,目前全省农业科技发展还不能完全适应新常态下农业农村经济发展的新要求,还不能完全支撑四川由农业大省向农业强省的巨大跨越,全省在农业科技上的高水平成果凤毛麟角。此外,尽管数据统计显示2014年全省农业科技成果应用率高达70.8%,但在实际生产中的转化推广率[①]不到40%,与农业现代化发展目标和新农村建设的要求还存在很大差距。

6.4.1 农业科技成果有效供给不足

(1)农业科技创新资金投入不足。四川省是农业大省,全省的粮食生产和农业产业化发展必须以农业科技为根本动力和重要支撑。但和全国大多数省份相同,四川省常年对农

---

① 转化推广率=(转化推广成果数量×推广面积/合理范围内可推广面积)/成果总量。

业科技创新资金、人力、资源等的投入总量是远远不足的。数据统计显示，近年四川省农业资金投入比例占全省农业 GDP 的比重还不到 0.4%，低于全国平均水平。

(2) 农业科技创新能力不强。虽然四川省农业科技创新的综合实力居于全国前列，但农业科技创新的基础设施和建设仍然十分薄弱，与现代农业发展的需求之间仍然存在较大差距。最主要的差距就是缺乏核心技术和自主创新能力不强两个方面，且大多数农业科研工作仍然是传统的"模仿式""转化式"，缺乏创新和自主研发的能力和实力。农业科研工作者忽视了技术整合，而太注重成果性研究，科研成果与实际生产缺乏有效衔接，实际生产中所需要的技术也十分缺乏，不能满足实际需求。最终导致理论成果多，能有效解决农业生产具体问题的成果和技术极少；关于粮食品种的成果和技术多，而关于花卉、蔬菜等经济作物品种的成果和技术很少；农机农艺结合不够紧密，农机装备具有自主知识产权的原创性技术缺乏、装备水平差，农机装备创新难以适应现代农业发展的要求。农业科技型企业规模小、农业产业化科技含量不高，龙头企业技术带动能力有限、品牌开发力量不足、资源整合力度不大，竞争力弱，产业发展缺乏主动权。

(3) 供给与需求严重脱节。目前，四川省的农业科技服务体系在构建和运行上仍然具有显著的自上而下的政府主导特征，一定程度上造成了农业技术供给与需求脱节。当前许多农业科技服务内容仍以传统农业生产方式为主，忽略了现代农业发展中经营主体、生产方式的改变。

6.4.2 农业科技成果转化机制不畅

(1) 农业科研人员的科技化、商品化意识不强。农业科研单位长期处于传统科研管理模式，即立题、科研、试验、鉴定、申报成果的固定化流程。这种单一的管理模式使科研单位和机构普遍存在重成果轻应用的思想。把出成果、获奖看成是科研人员的唯一任务，能否将成果成功推广应用，能否转化为产品或获得经济效益则很少考虑，甚至不予考虑。这种思想的存在，导致许多有价值的农业科技成果被禁锢在实验室，而农村由于缺乏效益性农业科技成果和先进科学技术，使得农村经济增长十分缓慢，农民收益长期得不到提高。导致农业科技和农业经济成为相互独立的"个体"，而不是协同发展。

(2) 农业科技推广体系建设不完善。①制度建设滞后，定岗、定员、定责落实不到位。全省除成都市外，"三定"未完全落实到位，部分乡镇农业技术人员岗位职责不明确，乡镇调度人员随意性大，主要精力未放在农业上，农业主体工作落实难。②基层农技人员专编不专用、专业不对口现象普遍。全省绝大多数乡镇有机构、有编制，但编制被挤占或在编不在岗现象严重，非专业人员比例偏高，难以有效开展农技推广服务工作。③推广经费严重不足。四川省乡镇农技人员的年人均工作经费为 2000 元左右，由乡镇统筹开支，经费不仅少，而且大多数乡镇农业技术服务站不能自主安排。④推广工作条件差。部分乡镇农业公共服务机构是典型的"三无站"，即无办公场地、无仪器设备、无试验示范基地。

(3) 农业科技成果转化推广方式落后。目前，四川农业科技成果转化推广的方式多为技术讲座、技术培训等，这种单一化、缺乏针对性的推广方式并不能切实给使用者提供有效支撑，制约着新品种、新技术的采用。调查发现，在接受过农业技术培训的农民中，有

42.2%的农民反映对培训技术掌握一般或者掌握不了;而有30%左右的农民认为政府提供的技术对农业发展的实际效果一般或者不明显。

(4)转化推广机构和人员激励不足。在农业科技成果的转化和推广过程中,相关机构和人员主要以自身利益为准则,很少考虑到某项农业技术成果转化后给其他部门带来的外部效果。具体表现为推广人员对市场需求量大(用户多)且可商品化程度高的技术、对研究推广风险小且周期短及盈利高的技术、对树立自身社会形象和提高技术地位具有显著效果的技术,积极参与研究与推广;对其他技术的研究和推广则加以拒绝。

6.5 加快四川省农业科技成果转化的对策建议

1. 加快农业科技机制创新步伐

(1)加强农业自主创新工作的组织力量,强化农业行政主管部门在农业自主创新工作中的组织、规划、协调和指挥作用,充分调动各方积极参与农业自主创新工作。

(2)建立多源合一的农业自主创新队伍体系,强化科研、教学、推广机构在推进农业科技自主创新中的关键作用,加快构建科研、教育、推广"三位一体"的新型农业科技体系,同时积极引导企业、专业合作组织等社会力量大力支持和推进农业科技事业发展。整合资源,强化联合协作,努力打破部门、地域、行业、单位、学科界限。

(3)合理定位不同农业科技创新资源的作用,充分发挥各方面的创新能力。在技术层面上,农业科研院所及农业高等院校重点在农业公益性、基础性的产品和关键技术上创新,大力引导和鼓励农业科技型企业开展农作物新品种和新技术的创新;在创新环节上,政府所属创新资源重点放在前期和中期的创新研究上,在后期创新研究和成果推广环节,要按照政府的农业发展战略需要和市场原则,引导和鼓励企业、农民专业合作组织、农业协会等社会资源积极参与。

(4)加强农业科技交流与合作,积极引进人才、引进技术,开展联合研究,共同创新成果。

2. 大力实施农业科技创新工程

(1)强化种业科技原始创新提升现代农业核心竞争力。加快培育具有自主知识产权的农作物科研成果,加快突破性新品种选育,大力开展在国内具有比较优势的杂交水稻、杂交油菜和优势特色农作物种子高效繁殖体系构建和生产基地建设。

(2)提高农业机械设备的自主创新能力,大力研发并推广适合农业实际生产发展的农机农具、农产品精加工技术、农机农艺技术、农业生物技术,组织实施好重大科技计划项目。

(3)建立和完善科学、规范的科技运行和管理机制,积极探索重大项目公开招投标制度。

(4)大力培育和扶持农业科技型企业。通过信贷优惠、税收减免等途径大力扶持农业科技型企业发展,让农业科技型企业在农业科技创新和成果转化推广方面发挥引领作用。

3. 创新农业经营体制机制扩大农业科技需求

统计数据显示,目前四川省农民人均耕地面积约为 $0.045hm^2$,户均耕地面积约为 $0.2hm^2$,耕种面积过小,不成规模。仅依靠先进的科学技术来大幅提高农业经济收入是非常困难甚至是不可能达到的。小规模包产到户的农业经营模式不能构成农业科技成果应用的基本载体,会限制农业科技在实际生产中的作用,导致效果不显著。因此,必须加强农业经营主体和组织形式创新,大力发展适度规模经营,以满足农业科技成果转化推广的现实需求。

(1)因地制宜发展不同类型的农业经营主体。不同类型的经营主体,在农业内部各个产业中比较优势各不相同,功能定位也各不相同,都有各自的适应性和发展空间。在实际工作中,要因地制宜,不能厚此薄彼,切忌拔苗助长,防止片面追求新型农业经营主体数量,忽视质量的倾向。要对中小型经营主体、适度规模的经营主体给予更多关怀和帮助,同时防止人为"垒大户"。对于招商引进的农业经营主体,应给与一视同仁的政策。

(2)完善家庭承包责任经营的土地流转政策。发展新型农业经营的前提是解决好土地流转问题。要尽快制定有关农村土地流转的法律法规,尽快明确农民对土地使用权的界定、使用权流转的补偿标准及收益分配等问题,尽快使农村土地流转纳入法制化轨道。①加快探索农地"三权分离"的具体实施方式,真正放活农村土地经营权。加快推进确权到户及颁证到户工作。针对不同地区土地自然条件、社会人文环境成本差别大等特征,建立土地确权成本的分级分摊机制。加大对土地确权的政策支持力度,对确权成本较高的山区、丘陵等区域,增加省、市级财政对确权工作的补贴,按确权面积补贴到县,缓解县级财政压力,提高其确权积极性。②建立完善的土地流转服务体系。土地流转服务能促进供求双方进行信息发布、价格发现以及签订流转合同,可以节省交易双方的成本,促进新型农业经营主体发展。要依托现有的农村土地流转中心或政务中心,建立以县为中枢、乡为平台、村为网点的县域全覆盖的农村土地承包经营权流转交易市场,建立土地流转监测制度,为流转双方提供实时信息、政策咨询等服务。在充分确权的基础上,按照依法自愿有偿的原则,引导农民将土地承包经营向新型农业经营转变,并因地制宜发展规模经营方式,避免出现片面追求流转规模,定指标、下任务,甚至变相强迫命令、求大、求快的倾向。政府要引导农户和新型经营主体建立稳定的土地流转关系,并对流转达到一定期限的农户加大奖励和补贴力度。③在土地出让金中分配一定比例的农村土地流转扶持资金,专项用于农村土地经营权流转指导、流转信息平台的搭建和信息发布等工作,以及设立农村土地流转服务组织培训和仲裁机构等。大力发展"定权不定地、定量不定位"的土地股份合作社,并帮扶土地合作社建设完备的连片土地基础设施。

4. 加强农民科技教育提升农民科技能力

(1) 加强培训职业化、专业化的"新"农民。以农村劳动力培训阳光工程等项目为依托，以满足农业发展和新农村建设的人才需求为目标，结合当地农业发展和农民的实际水平，针对性地进行种植技术、养殖技术、农业机械操作技术、农产品加工技术、农业服务意识等培训，使农民可以把这些技术熟练地运用到农业生产活动中，以提高农业生产效率。重点是要把部分受教育程度相对较高的农民培养成种植大户和了解市场需求、懂经营策略的营销大户，打造一支专门为农业产业化发展服务的农民队伍。

(2) 积极开展提升农民综合素质的相关培训工作。要将农业新技术的推广落到实处，把工作做细、做透，全面提升农民队伍的科学素养，使农民真正掌握新技术并将其用于农业生产中。培训内容应从单纯的农业科技知识拓展到卫生保健、家庭理财、法律法规等方面。

5. 加强农业科技推广体系建设

(1) 进一步改革和完善基层农技推广体系。充分保障基层农技推广体系的人员、经费和设备，提高基层农业科技推广的覆盖面和效果。

(2) 重视农业科技推广人才队伍建设。出台相关政策，鼓励并支持科技推广人员到基层工作，特别是要推进青年农技推广人员下基层，优化基层农技推广队伍的年龄结构。

(3) 适当提高农业科技推广人员的工资待遇、福利，对艰苦的工作环境加以改善，充分调动农业科技推广人员的工作积极性，使其更加全身心地投入到工作中，也能够留住、用好人才，使其可以主动下到基层，为农业发展做贡献。

(4) 重视基层农业科技推广人员的再深造，对其进行新知识、新技术的培训。根据农业生产中遇到的具体问题、农民的切实需求和农业的发展水平及相关科技的研究等，以某些农技推广示范项目为依托，对基层农技推广人员进行针对性培训，真正培养一批业务水平高、服务意识强、知识技术储备新的高素质农技推广人员。

第7章　促进四川农业科技创新人才培养

7.1　科技创新人才在四川转变农业发展方式中的作用

无论是国家或是区域经济发展都依赖于人才资源，人才是一个国家和社会发展的动力源泉。经济的增长需要科技创新作为原动力，但科技创新发展的重要因素之一就是人才。科技创新型人才的培养和竞争在世界范围内都非常激烈，尤其是经济全球化以来，随着科技的迅猛发展，人才竞争已成为国家、地区之间的主要竞争点。不同国家对于科技创新人才的发展战略是不同的，主要有"领先型"和"赶超型"两种模式。美、英、日等发达国家的科技创新人才战略属于"领先型"模式，尤其是美国在科技创新人才的发展战略方面当属世界典范。韩国自身是一个高度重视科技教育和科技创新人才培养的国家，它不仅建设有较为健全的人才培养体系，而且注重从海外引进高科技人才，是"赶超型"人才战略的国家代表之一[①]。

改革开放后，我国才逐渐重视科技人才战略，属于典型的"赶超型"模式。我国的人才战略起步远远晚于发达国家，而且近十年才成型，无论是在培养体系还是人才储备上都与发达国家存在很大差距，但这种差距随着我国经济的快速发展正在不断缩小。2015年中央农村工作会议明确了农业农村工作要按照稳粮增收、提质增效、创新驱动的总要求，努力在转变发展方式上实现突破。推进农业发展方式转变，根本要靠创新驱动，加快农业科技创新步伐。而创新驱动，转型发展，根本要靠人才。

四川省是农业大省，是我国主要的农产品基地之一。虽然四川省目前的农业发展已经进入科技创新驱动阶段，但是同样面临依靠科技发展农业所存在的挑战和难题。在工业化和城镇化进程迅速加快的背景下，我国的农业发展也逐渐由传统农业模式转变为现代农业模式，逐渐将农业发展为知识技术密集型产业，农业的经济增长方式也从资源依赖型转变为科技依存型。而现代农业发展的根本活力是人才，农业科技创新人才不仅能加快农业现代化的进程，而且可以促进农业科技创新，使科研成果能够迅速转化并应用。因此，培养一批优秀的农业科技创新人才，成立专业的农业创新团队，是四川省农业发展必须要重视并加快落实的重点工作。

---

① 马卫寰. 发达国家科技创新人才战略对河南的启示[J]. 河南财政税务高等专科学校学报，2011，25(3)：42-44.

7.2 四川省农业科技创新人才现状

7.2.1 农业科技创新人才队伍建设

据统计，截至 2010 年四川省从事与农业相关的科研工作者有 2300 余人，其中博士 160 余人，硕士 200 余人；研究员 160 余人，副研究员 300 余人；对国家农业做出突出贡献的专家 15 人，享受国务院津贴的 148 人，被评为四川省优秀农业专家的有 26 人，荣获四川省杰出贡献奖的 4 人，创新人才奖 3 人；省级学术、技术带头人共计 39 人，学术、技术带头人后备人选 60 余人；国家"百千万人才工程"第一、二层次人选和"新世纪百千万人才工程"国家级人选共计 6 人[①]。全省现有省级农科院 1 所，市级农科院（所）14 所。整体来看，四川省的科技创新人才队伍稳步壮大，结构组合也在不断优化中。

7.2.2 农业科技资金投入稳步增长

农业科技研究专项资金是农业科技创新工作的物质条件和基本保障，同时科技资金的大力投入也是对人才培养和科技成果转化的重要保证。"十一五"期间，四川省委、省政府高度重视全省的"三农"工作，成立了四川省农作物及畜禽育种攻关小组，通过建立农业科技创新及其成果转化联席会议制度等方法，增强了全省的农业科技工作，使得四川省始终走在创新型农业发展的道路上。据不完全统计，2006 年四川省用于农业科技的财政拨款占全省生产总值的 0.17%，到 2009 年增至 0.21%，省、市、县三级的农业科技财政拨款总计 30.1 亿元，排全国 14 位。省财政厅数据统计表明，2007~2011 年四川省的农业科技财政投入由 1.89 亿元增至 4.24 亿元，年均增幅高达 22.4%。

7.2.3 农业科技人才创新成果不断突破

"十一五"期间，四川省的农业科技创新工作整体上取得了较为可喜的成绩，全省的农业科技成果高于全国平均水平。据数据统计显示，2006~2010 年四川省在农作物、畜禽水产的育种工作中取得了重大成果。由四川省农业人才和团队育成且通过国审或省审的农作物新品种共计 375 个，畜禽水产新品系或新配套系共计 24 个。此外，在育种工作中能够直接作为育种材料的有 1100 余份，新开发的农业方面的生产技术有 600 余项。近年来，四川省农业植物新品种权的申请数和授权数均居全国首位。在农业科技创新成果获奖方面，仅 2010 年，四川省就有 7 项农业科技成果荣获了国家科技进步奖，占全国农业类科技进步奖总数的 28%，居全国首位[②]。"十一五"期间，四川省荣获国家科技进步奖一等奖、二等奖的农业科技成果分别有 1 项、17 项；荣获四川省科技进步

---

① 数据来源：2010~2013 年的《四川统计年鉴》。
② 数据来源：2010~2013 年的《四川统计年鉴》。

奖的农业科技成果共计 225 项，其中一等奖 35 项、二等奖 61 项。

7.2.4　农业科技创新人才培养环境逐步改善

要培养、留住且吸引优秀的农业科技创新人才，就需要创建良好的工作环境和健全的人才培养管理体系，这样才能使科技创新工作顺利进行。四川省的人才培养环境是比较有竞争力的，并在逐渐完善中。全省有 30 所高等院校、68 所科研院所都涉及农业科技研究。已建成 2 个国家区域技术创新中心、6 个国家农作物改良分中心、4 个农业类省级工程技术研究中心、18 个省级以上农业重点实验室、3 个国家级重点开放实验室、20 个国家级农作物原原种扩繁基地、93 个省级农业科技园区等农业科技创新平台。全省具有名气且达一定规模的农业产业企业多达 3000 余家，并成立了国家级的农业龙头企业创新技术中心。此外，还大力培养农业技术专员，建设省级、地市级、乡村镇级的农业科技信息服务站 65 个[①]，为农业科技创新发展和人才培养创造了更多的机会和更好的氛围。

7.3　四川农业科技创新人才建设中存在的问题

7.3.1　农业科技创新人才规模相对较小，配置和分布不合理

目前，四川省农业科技人才在农村人口中的比重仅为 0.53 人/1 万人，与我国东部沿海地区以及发达国家相比仍有较大差距。如：浙江省杭州市农业科技人员在农村人口中的比重为 7.33 人/1 万人，在农村劳动力中的比重为 28.73 人/1 万人，以色列为 140 人/1 万人、美国为 80 人/1 万人、日本为 75 人/1 万人[②]。四川省被评为高级职称的农业科技人才仅占农业科技人才总数的 21%。在人才资源的配置上，拥有高级职称的农业科技人才大部分集中在市、区(县)两级，而在乡、镇一级则奇缺这类人才；在人才的地域分布方面，经济条件好的地区科技人才相对较多，而经济条件差的地区科技人才极度匮乏；在专业结构方面，农学和畜牧类等传统产业方面的人才比例较高，而生物种业、生态农业、设施农业、农产品精深加工、花卉苗木等新型产业、行业和新的领域，高层次人才少之又少。

7.3.2　缺乏高层次农业科技创新人才

目前四川省的农业科技人才队伍中严重缺乏高层次的创新型人才。特别是具有战略视野、敏锐把握学科前沿、能带领团队开展重大科技攻关的农业科技杰出创新人才极度缺乏，具有影响力和号召力的高级专家、团队和学术带头人则更为匮乏。从学历层次看，四川省农业科研人才的学历层次不高，其中仅有 7.8%为研究生学历；而从事农业技术推广工作的人员中，仅 59.4%为大中专以上学历。从职称结构看，中高级职称虽超过了 50%，但高

---

① 数据来源：2010～2013 年《四川统计年鉴》。
② 郦解放. 浙江省创新型科技人才培养体系的理论思考与对策建议[J]. 高教与经济，2009(3)：23-30.

级职称比例仅为 21%，均低于全国平均水平。随着农业科技发展，学科带头人和学术拔尖人才、新兴学科和交叉学科高素质人才的缺乏，是阻碍农业科技创新的重要因素之一。

7.3.3 缺乏稳定的农业科技成果转化专家队伍

科研单位现行的考核和激励机制主要侧重科学研究原始创新（成果及论文）。尽管近年国家、省均把科技成果转化提升到重要位置，但对科技人员的考核和激励机制尚未作出重大调整。长期在基层从事转化示范的科技人员，尤其存在职称晋升和学术地位以及收入待遇提升的后顾之忧，专职或主要从事成果转化的主动性不高，转化成果的能力提升困难。目前转化工作成效突出的骨干，通常也是科研创新的骨干，在创新与转化双重工作的重负下，队伍难以稳定。

7.3.4 农业科技创新人才流失严重

与其他行业相比，农业是非常艰苦的行业。无论从事农业科研还是技术推广都十分辛苦。此外，农业科技人才的生活工作环境艰苦、工资收入低，且社会地位也不高，致使不少农业科技创新人才跳槽到其他热门行业。此外，与农业科研相关的制度、政策都不够完善，缺乏激励机制，"一刀切"现象严重，缺乏具有针对性的政策，使得农业科技人才缺乏创造活力，靠自身发展脱颖而出更是难上加难，甚至部分农业领域的科技带头人离开农业行业，导致人才严重流失。随着社会的发展，很多跨行业重组产业兴起，非农行业也开始积聚农业科技顶端人才，在一定程度上也加剧了对农业科研优秀人才的竞争。据不完全统计，四川省每年流失的农业科技人才占全省农业科技人才总数的 3%～5%，且流失的多数是副研究员及以上的科研骨干或技术储备人才。

7.3.5 农业科技人才资源开发、培养和自主创新的投入不足

目前，政府专项资金是四川省农业科技创新人才培养经费的主要来源，包括省级科技创新与成果转化专项引导资金、省农业科技自主创新专项资金、农业三项工程等各类农业科技研究推广的专项扶持资金。尽管四川省农业科技投入总量逐年递增，但投入占农业 GDP 的比重仍然较小，相对于农业科技发展需求尚存在很大缺口。一是中央财政投入缺口较大。中央财政对市州一级农科所及省级地方创新团队建设一直无资金支持。二是省级财政投入不足。四川省对现代农业产业技术体系的年投入仅 1500 万元，远低于发达地区上亿元的年投入力度。三是农业科技研究投资资金的渠道单一。农业科研、农业技术推广体系及农民的农业技术教育培训等基本上依赖于政府专项财政投入，金融投资和民间资金的投入量非常小。

7.4 农业科技创新人才培养体系

7.4.1 农业科技创新人才培养体系的内涵

农业科技创新人才培养体系是指以教育理论为指导思想，特定主体对农业科技创新人才培养设立明确的目标，有计划、有目的地开展教育和培训、投入财政保障和评价激励等而采取的形式及机制的总称。一般来说，农业科技创新人才培养体系的核心构成主要包括培养目标、投入保障、激励机制、培养环境等内容[①]。其中培养目标是核心内容。基于以上理论，全面构建符合四川省实际情况的农业科技创新人才培养体系。

7.4.2 四川农业科技创新驱动人才培养体系的建设目标

1. 培养高层次农业科技创新驱动人才，形成完善的人才体系

(1) 农业科技创新领导型人才的培养。以农业学术和技术带头人队伍建设为重点，通过国家和部门农业重点实验室、重点学科建设，结合四川省实施的"天府英才工程""天府特支计划"等人才工程，以国家产业技术体系四川创新团队建设等项目为载体，有计划、有重点地遴选支持一批杰出人才、领军人才和青年拔尖人才，特别是农业战略性新兴产业和重点优势产业发展急需的高层次人才。此外，结合相关人才培养计划和重大科技项目计划，带动高层次创新人才的培养，加速培养一批学科带头人，加快培养能够跟踪世界科技前沿的领军型农业科技创新人才。

(2) 农业科技创新骨干人才的培养。四川省应该在现有的农业科技创新团队、学术技术带头人的后备人选中培养一批创新骨干人才。结合正在实施的"青年英才开发计划"和"创新人才推进计划"等项目，将中青年农业科技创新人才自主培养成骨干人才。同时也要利用四川省现有的优势特色农业产业、农产品开发战略以及关键性的农业技术来吸引国内外的农业科技英才。

(3) 农业科技创新储备人才的培养。通过业务培训、学历教育、学术交流、专题研修、挂职锻炼、访问、考察、外派等多种途径，着重培养专业基础知识扎实、创新能力强、发展潜力大、学科特色鲜明的农业科技创新后备人才。同时，建立科技人员继续教育和定期进修制度，鼓励和支持在职农业科技人员脱产学习、在职进修、到国外研修深造。

2. 培养农业科技成果转化骨干人才，加快推进农业科技成果转化应用

(1) 以中青年农业科技人才为重点，依托四川省现有的省级农业科技园区、科技型农业企业、农业科技专家大院，以现代农业发展和新农村示范片建设为载体，整合农科教、产学研各方科技资源，集成部门优势，统筹协调，形成农科教和产学研大联合局面，培养

---

① 马斌，李中斌. 中国科技创新人才培养与发展的思考[J]. 经济与管理，2011(10)：30-32.

科技成果转化骨干人才。同时，围绕农业优势特色产业发展，建设一批产业科技特派员团队；围绕重大科技项目实施，建设一批项目科技特派员团队[①]。

(2) 整合一支省、市、县、乡四级混合编队且较稳定的科技成果转化示范队伍，构建基地稳固、上下联结、技术衔接、协同实施的全国一流的农业科技成果转化示范新体系；基本形成符合省情、机制先进、结构完善的科技成果转化管理与激励机制。强化顶层设计，整合示范基地的各级转化示范平台和渠道，诸如科技110、专家大院、技术协会、产业技术联盟、科技特派员以及课题研发基地等。

3. 培养农业技术推广骨干人才，加快推进我省农业技术推广应用

(1) 围绕四川省粮食生产能力建设、现代农业产业基地建设目标，依托现有农业职业教育院校和科研院所，通过专业培训、继续教育、定期进修等多种方法，大力开展县乡农技推广人员的岗位培训和专业技能培训，培养基层农业技术推广骨干人才，提高农技人员使用农业先进实用技术特别是共性关键技术的试验、示范和推广能力。同时，落实基层农技人员的学历提升计划，分批、分期选送基层农技骨干到高、中等农业院校和科研院所研修深造，培养一批综合能力强、业务水平高的基层农技推广人才。

(2) 大力实行基层农技人员的知识更新培训计划，组织各级农业部门和科研、推广、教学单位，采取异地研修、集中办班或现场实训等方式，对基层农技人员展开分层、分类的专业培训，使基层农技人员每年至少接受一次集中培训。

(3) 培养造就一大批农业科技推广人才。积极鼓励和引导农业科研大中专院校的毕业生到农业生产第一线，到农村基层组织、乡镇企业、农民专业合作组织、农业企业工作，大力提高农技推广人员的素质，不断壮大技术推广队伍的力量，同时注重培养农业科技方面的企业家。

7.5 四川省农业科技创新驱动人才培养发展方向

为了保障农业发展成功实现现代化转型的目标，四川省应进一步加快并完善农业科技创新人才团队建设和培养体系及激励机制。

7.5.1 优化人才成长环境，加大高端人才引进力度

根据四川省农业科技创新人才的现状、需求及相关政策，要打造高层次且具有自主创新能力的人才团队，就必须加大力度改善人才成长和培养的环境。此外，还应该结合全省人才现有特点，坚持按需引进、实事求是、注重关键的原则，制定并实施高端人才引进计划，加大引进高层次人才的力度，重点引进农业高端技术和基础研究的紧缺人才、高级人才和拔尖人才。针对海外高端人才，还应建立严格的准入制度、全面的评价体系和激励制

---

① 刘洪银. 农业科技创新中人才约束与破解[J]. 浙江农业学报，2013, 25(2): 399-403.

度,留住人才。

7.5.2 培育新型职业农民,助力现代农业发展

可以通过实施"粮油高产创建""现代粮食产业基地""新增 100 亿斤粮食生产能力""现代农业千亿示范工程""园艺作物标准园创建""现代农业产业基地建设"等项目,以农业实用技术为重点,采取理论教学、现场实习等多种形式开展大众化普及性的培训,着重培养一批示范带动能力强的新型职业农民,助推现代农业发展。

7.5.3 农业科技创新人才培养的保障机制

要建立完善的农业科技创新人才培育体系,其根本保障在于资金的投入,尤其是科研经费、教育培训经费的投入。各级政府都应该高度重视农业科技创新人才培养的资金投入,调动政府、企业、市场和其他社会组织、团体的积极性,多层次、多渠道地加大对人才培养资金的投入力度,最终实现政府财政投入为引导、企业投入为主体、社会投入为补充、政策优惠为扶持的农业科技人才培养保障机制。在资金方面,要将财政资金的导向作用发挥到最大,建立完善的科研、项目经费预算机制,同时设立人才创新、创业、培训等专项资金,进一步为农业重点、难点领域的人才培养提供物质保障。对于在专业领域具有一定国际影响力的著名学术带头人、优秀青年学者和优秀研究团队等给予资金的优先支持,在专利申请、新产品研发、科技合作等方面给予适当的政策倾斜,将研究与教育紧密结合,努力完善全省的人才培养保障机制。

7.5.4 农业科技创新人才培养的激励机制

要充分调动并发掘农业创新人才的积极性和潜能,就必须加快完善相关的激励机制[1]。结合四川省现有的相关机制以及实际情况进一步完善激励机制,使其更加满足省情及人才发展需求,以此调动人才的工作主动性和积极性。主要从以下几个方面来完善激励机制:①以工资分配为激励约束机制的核心,同时对收入分配实行岗位绩效和分类分级管理。②建立多角度、多层次、全方位的农业科技创新人才评价体系和机制。如从科研质量、创新能力和成果应用等方面来评价创新人才的工作能力,结合人才的自我评价、用人单位评价和农民评价来评价创新人才的综合能力,对有突出贡献的个人、团队或重大科技成果进行奖励。③全面改革农业科技奖励机制,通过公开提名、科学评议的方法来完善奖励机制,同时也可以丰富奖励的政策,如物质奖励、晋升、精神鼓励、提供学习培训机会、利润分享等,激励农业科技人员留在农村,为农业行业服务,为农村经济的转型升级贡献力量。此外,还要保护农业科技创新组织和人才的知识产权,并给予合理的利益共享。④健全农业科研人才双向流动机制。如对农业科研人员的薪酬和岗位管理进行改革,在原单位批准

---

[1] 原宁. 培养和激励农业科技创新人才[N]. 人民日报,2012-3-21.

的情况下,可以利用自己的科研成果为企业服务或者创立企业,从而实现农业科技人才在科研单位和企业间的合理流动。

7.5.5 农业科技创新驱动人才培养环境及体系建设

良好的社会环境和浓厚的科研氛围有利于科技创新能力的培养和提高,也有利于人才的成长和增强人才吸引力和凝聚力。政府充分发挥主导作用,依托市场建立产学研密切联系的研发体系,并对科研项目提供一定的资金支持、税收优惠等政策。在科学研究的硬件设施建设方面,应加大资金投入力度,配备齐全、先进且实用的仪器设备,加大对重点实验室和项目的重视程度,创造良好的工作环境条件。在科技创新人才的选拔、聘用、晋升、奖励机制、成果利益分配等方面都应该坚持公平、公正的原则,并提供职位、项目申请和经费等支持,让真正有能力、有实力的创新人才能够脱颖而出。在科研项目支持方面可以给予适当合理的启动资金,以支持科技项目的顺利开展。四川省正在全力创造一个能够使创新人才的价值和能力充分得到发展和尊重,所作贡献能得到高度重视和合理报酬的轻松、愉快且管理灵活的科研环境。

第8章 构建四川农业科技创新金融支持体系

8.1 科技创新与金融支持

科技创新是现代农业发展的核心驱动力,对我国现代化农业发展起着至关重要的作用。在影响农业科技创新能力的诸多因素中,金融支持与科技创新深度休戚相关[1][2],占有举足轻重的地位。农业科技创新与金融的有机结合,是解决"三农"问题的重要手段[3],科技资源和金融资源的有机结合是促进科技开发、推动自主创新、培育高新技术产业和改造传统产业的根本手段[4]。然而,农业科技创新的公共性、高风险性、长周期性、资金需求特性与金融支持要求的盈利性、安全性、短周期性、资金供给性的矛盾,导致我国金融对农业科技创新的投入不足,严重阻碍了农业科技发展。如何有效处理和解决农业科技创新与金融支持体系间的矛盾,更好地促进农业科技创新发展,是当前研究的热点。

8.1.1 国外农业科技创新金融体系分析

各国农业科技金融的资本募集和运用方式不同,金融体系也存在差异,目前主要有三大金融支持体系:复合型金融体系、合作型金融体系和商业型金融体系。这些金融体系类型不是单独出现的,而是会相互交叉或同时出现在特定时期。复合型金融体系、合作型金融体系、商业型金融体系的典型代表国家分别为:美国和印度;日本、德国、法国和韩国;英国、荷兰和新西兰。借鉴并总结国外农业科技创新金融体系的成功经验,有助于促进我国农业科技金融体系的改革和完善。

1. 美国

美国的农业十分发达,其农业科技对农业总产值的贡献率超过75%[5],具有完善的农业科技金融体系,多种金融手段支持着农业科技创新与农业发展。由农村政策金融体系、农村合作金融体系、农业科技资本市场、农村保险体系、农村商业金融体系五大金融子市场组成了复合型的金融体系[6],其中农村政策金融体系是实施农业政策的主要工具,提供

---

[1] Saintpaul G. Technological choice, financial markets and economic-development [J]. European Economic Review, 1992, 36(4): 763-781.
[2] Chakraborty S, Lahiri A. Costly intermediation and the poverty of nations [J]. International Economic Review, 2007, 48(1): 155-183.
[3] 康晓虹. 国外农业科技金融经验借鉴及启示[J]. 科学管理研究, 2015, 33(4): 121-124, 128.
[4] 赵昌文. 科技金融 [M]. 南京: 江苏人民出版社, 2010.
[5] 雷德雨, 张孝德. 美国、日本农村金融支持农业现代化的经验和启示[J]. 农村金融研究, 2016(5): 50-54.
[6] 康晓虹. 国外农业科技金融经验借鉴及启示[J]. 科学管理研究, 2015, 33(4): 121-124, 128.

市场金融机构不愿提供的贷款服务[①]。

美国农业科技金融体系呈现出多元化、多层次的独特优势,主要体现在以下几点:①发达的风险投资体系,被誉为美国高新技术产业的"孵化器";②拥有全国性、区域性、社区性三个层次的中小企业信用担保体系;③灵活、宽松的债券发行市场,为科技创新型农业企业提供了一个便捷的融资平台;④发达的金融资本市场,可以债券、票据多种形式,为中小企业及科技型企业提供融资服务,并因此专门成立了纳斯达克市场(NASDAQ)、私募股票交易市场。

美国金融体系支持农业科技创新发展的政策措施如下。

(1)基础设施条件建设方面。①以国家投入为主的大型水利工程建设,以建立信托基金、发行建设债券和股票、银行贷款等方式支持;②农村基础设施建设和农田基本建设,资金由农场主和联邦政府或州政府共同负担,农民家计局则提供低息贷款;③建设农村电网、购买发电设备等主要由农业电气化管理局向农村电业合作社和农场发放贷款。

(2)农业科技创新方面。美国十分重视对农业科技研发的投入,且投入政策以法律为依据。自1958年以来,美国农业科研投入约以8%的年率增加。美国联邦政府根据相关法令和条例对农业研究投入按比例进行拨款:农业部研究机构、农业研究局等占农业部资金投入的51%;各州的农业研究、学院的重点项目占农业部资金投入的30%;国家研究计划和小型独立项目等竞争性项目占农业部资金投入的12%;特别项目拨款占农业部资金投入的7%[②]。对企业科技创新提供多方面的金融服务,企业债券、风险投资和股权投资系统等直接融资占比达87.2%,推动了美国农业科技的原始创新[③]。美国多元化的金融服务体现在以下几个方面:①分阶段、分企业有针对性地提供融资服务。企业处于起步阶段,规模小、资金少、收入少,向其提供中长期创业贷款;企业处于成长阶段,规模不断扩大、收入增加,向其提供流动资金贷款;企业处于成熟阶段,向其提供现金管理和全球财务管理解决方案。②提供农业科技金融保险,为企业创造良好的融资环境,分散科技研发的风险,其中最著名的农作物保险计划有联邦农作物保险计划(FCIP)和农作物雹灾保险方案。③完整的补贴政策体系。采取利差补贴、税收优惠等手段鼓励金融机构支持农业科技创新的融资、保险业务,促进了农业科技经费投入的增长。

(3)其他配套措施。注重农业科技人才的教育培养、农业技术的推广应用,建立教育、科研、推广"三位一体"的农业科技体制。广泛开展农业教育,提高农民科技素质,提升农业人员的社会地位。

2. 日本

日本农业科技金融体系以农村合作金融为主导模式,由基层农业协同组合(简称农协)、中层信用农业协同组合联合会、高层农林中央金库(简称农林公库)和全国信用联合会构成。这几层系统之间独立核算、自负盈亏,但下级系统要服从上级系统管理,上级系统服务于下级系统,在组织资金困难时给下级系统帮助。其中,农协系统不以盈利为目

---

① 曹若需. 美国科技金融支持农业发展的经验借鉴[J]. 世界农业, 2014(1): 79-82.
② 唐珂. 美国农业[M]. 北京: 中国农业出版社, 2015.
③ 雷德雨, 张孝德. 美国、日本农村金融支持农业现代化的经验和启示[J]. 农村金融研究, 2016(5): 50-54.

的,贷款利率比一般银行低,社员的贷款无须担保,贷款对象包括农民、农业机械生产企业等;而农林公库等农业政策性金融需要重点保障农业现代化贷款(用于扩大生产设施和购买农业现代化设备)、灾害贷款、农业改良贷款(低利息,用于发展农业新技术)、农林渔业贷款(用于垦荒农用设备购置、土地改良、农田水利建设),农林公库并不吸收存款,多采取委托贷款、联合融资等方式,支持那些无法从其他机构得到贷款的项目[①];银行在农业科技型企业融资中占主体地位,和企业联系紧密,拥有企业的部分股份,主要对大型或风险较小的农业科技型企业提供融资服务[②]。为促进农业科技创新的发展,日本政府拨付了大部分的农业科技创新经费,建立了信用担保机构及相关运营的法律体系,实施了相关减税优惠政策。

3. 英国

高额补贴和商业银行农村信贷是英国金融支持农业科技创新发展的最大特点。进入21世纪,英国对农业的补贴金额不断增长,到2006年补贴高达国民收入的36%[③]。除此之外英国作为欧盟的成员国之一,还享受着欧盟各种农业补贴,利用欧盟共同农业政策促进本国农业的发展,补贴的具体形式包括:农业基础建设补贴、农产品津贴、价格补贴、耕地补贴以及农业货币补偿。英国农民成为保护型农业政策受益最大的群体。英国的农业金融体系是商业银行、政府主导的金融机构和金融监管机构并立而行的体系,商业银行占据了英国金融机构70%的市场份额。英国的农村金融模式独具特色,是世界商业银行农村信贷的典型。其主要特征为:①数量众多的小规模"私人银行",提供大量的、规模较小的贷款;②政府不介入农村金融事务、农村金融机构;③农村乡村银行模式促进了英国农业发展。英国主要的金融机构包括:①长期金融机构:农业抵押公司、清算银行、土地改良公司,主要为农村提供土地及农用资产抵押贷款;②中短期金融机构:商业银行、农村信用社,由于商业银行的从业人员都是当地农村人,所以贷款人无须提供任何担保;③合作金融监管机构,主要负责制定监管规则、风险控制。

4. 其他国家

1)荷兰

为满足农业科技创新发展的资金需求,荷兰建立了普惠的农村金融体系,由结构完善的农业贷款机构与数量庞大的农业贷款担保基金、农业发展和改组基金构成。荷兰合作银行是农民合作金融制度的组织资源,成为荷兰农业融资的主渠道,提供90%的农业贷款。荷兰政府也给予了荷兰合作银行政策支持,减免其赋税,允许其混业经营、自行发放债券,赋予其监督职能。荷兰合作银行体系也是国际上最为著名的农村合作银行体系之一。农业贷款担保基金是荷兰农业发展的重要融资工具之一,所担保的农业信贷金额达5亿欧元,占每年农业投资的10%,该担保基金由荷兰农业部负责,政府每年给予200万欧元财政补

---

① 邱翠玲. 河北省金融支持农业科技创新的现状及对策研究[D]. 长沙:中南林业科技大学,2015.
② 黎红梅,汪邹霞. 金融支持农业科技创新的国际经验[J]. 世界农业,2016(1):79-83.
③ 丁士军,史俊宏. 全球化中的大国农业——英国农业[M]. 中国农业出版社,2013.

助[①]。农业发展和改组基金主要用于提供贷款补贴、利息补贴，改善经营结构、购置现代化装备等。

2) 新西兰

新西兰支持农业科技创新的金融体系与大多数国家的金融体系类似，也是由中央银行、商业银行、非银行储蓄机构、保险公司等构成。提供个人、企业、农村金融产品和服务的代表性银行有：新西兰国民银行、新西兰银行、ASB（Auckland Savings Bank）银行、西太平洋银行。LoanHub 贷款公司汇集了农村和农业金融的专业人士，为新的农业企业、农户量身定制融资产品[②]。在农业保险方面，新西兰有着自己的特点：①关系国计民生的种植业采取强制性保险；②农村保险体系健全，主要体现在险种齐全、保险产品设计合理、保险条款简便易行，如有农村材料损毁险、农村业务中断险、农村责任险、交通险、农村收入保障险、农村机械故障险、农村存货腐变险等；③因灾害天气遭受的损失由保险公司赔付，政府的救助逐渐减少。新西兰的农业政策支持体系比较倾向于"小政府、大社会"。

3) 德国

德国农业科技金融体系的发展模式为合作金融主导型，有着以下三方面的强大支持：①享誉全球的全能型银行，包括合作银行、商业银行和储蓄银行三大类。②农村信用合作体系，由基层的信用合作社和合作银行、中层的区域合作银行、顶层的德意志合作银行构成，坚持自下而上逐级入股、自上而下全面服务原则。③德国政府建立政府担保与多层次风险分担的科技金融机制。由联邦州担保银行为小企业担保、联邦州政府和德国政府为大中型企业担保，低、中、高三级架构担保旨在强化对企业的金融支持[③]。

8.1.2　国外农业科技金融体系经验启示

1. 发达的政策性金融体系

美国、日本、英国等国的金融体系虽有不同，但它们的农业科技金融体系都相对完善、高效，其政府保障了充足的农业科技创新政策性金融投入，尤其是农业科技研发经费的投入。采取拨付、补贴、低息贷款、利息补贴等形式，最大限度地调动了农户和企业进行科技创新的积极性，推动了农业科技发展，并在科技金融体系发展逐渐成熟时会淡化自身作用，实现金融体系的自主协调。

2. 完备的农业科技金融支撑体系

美国等发达国家拥有完善的农业科技金融支撑体系。一是建设信用保障和信用担保体系。如信用服务局的建设，为银行及时有效地采集、跟踪和监测借款人的信用信息提供了便利。二是具有数量众多的中介服务系统、信贷系统。三是提供丰富多样的保险类型，包括：农产品价格保险、农民收入保险等，构建的风险防范机制覆盖面广。这样完善的支撑体系，可有效解决农业科技创新过程中出现的金融问题。

---

① 徐宏源，张蕙杰，朱晋宇. 荷兰农业[M]. 北京：中国农业出版社，2015.
② 李华，蒲应. 全球化中的大国农业——新西兰农业[M]. 北京：中国农业出版社，2013.
③ 李巧莎，杨伟坤，杨蕾. 农业科技创新的财政金融支持研究[J]. 科技管理研究，2014，34(13)：8-10，15.

3. 强大的法律保障

法律保障在农业科技金融支持体系中的作用不容忽视，发达国家的经验充分证明法律法规是金融资源介入和支持农业科技的保障和基础[1]，如：美国的《联邦农业贷款法案》《农业信用法案》《小佃农取得土地贷款法》；日本的《农村金库法》《农林协同组合法》[2]；英国的《金融服务和市场法》；德国的《农业中央银行法》《佃农信用法》；荷兰的《产业投资法》(WRI)等。这些强大的法律保障，刺激了农业领域的投资，确保了农村金融政策的稳定性与连续性，对农业科技金融体系的发展起到了良好的保障和导向作用。

8.1.3 我国农业科技金融体系存在的问题及建议

1. 我国在金融支持农业科技创新过程中存在的问题

党的十八大以来，深化金融体制改革成为支持我国农业现代化发展的重要内容。随着金融支农环境的改善，金融支农产品、支农模式推动了涉农贷款总量稳步增长，以中国农业银行为主导、农村信用社为基础，其他金融机构共同建设的金融体系框架逐渐显现[3]。但相比发达国家，我国农业科技金融体系存在着一些突出问题，制约着农业科技创新的发展。

1) 农业科技创新金融支持不足，地区差异较大。

农业科技创新的投入机制不健全以及金融支持不够是造成我国农业科技创新能力低的原因[4]，尤其是中西部地区金融供给明显不足。一方面财政支持力度不够。截至2015年，我国科技进步贡献率仅为55.3%，科技拨款占公共财政支出比重仅为3.98%[5]，支农科技拨款则更少，农业科研投资占农业产值比重低于2%，且农业科技创新过程中的政策扶持相对较少，绝大多数的财政拨款用于基础性设施建设、农业生产补贴、农业科技成果转化与产业化等方面。另外，中西部省份的农业科技投资强度较发达地区低，农村金融投入较城市明显更少，地区差异较大。鉴于金融机构的盈利性、低风险性与农业科技创新的公共性和高风险性间的矛盾，金融机构对农业科技创新投入谨慎，贷款把控十分严格，门槛高、程序烦琐，审批周期长，还要求一定的担保，导致"断投断贷"现象普遍存在，农业科技创新金融资本市场难以打开。

2) 农业科技创新金融支持体系不完备

(1) 金融产品单一，选择面窄，缺乏创新。目前，我国农业科技创新金融机构提供的产品大多还是抵押贷款，投贷联动方式贷款比例过低[6]，且贷款期限和贷款利率不灵活，无法满足农业科技创新金融市场多样化、多层次的需求。

---

[1] 王樱诺. 吉林省农业科技金融发展问题研究[D]. 长春：吉林农业大学，2017.
[2] 贺聪，洪昊，葛声，等. 金融支持农业科技发展的国际经验借鉴[J]. 浙江金融，2012(3)：33-38.
[3] 陈宇. 农业科技的金融支持研究[D]. 长沙：湖南农业大学，2014.
[4] 柏振忠. 农业科技创新的投入机制与金融支持问题研究[J]. 科技与经济，2009，22(6)：37-40.
[5] 国家统计局社会科技和文化产业统计司，科学技术部创新发展司. 中国科技统计年鉴 2016[M]. 北京：中国统计出版社，2016.
[6] 孟祺. 金融支持与全球科创中心建设：国际经验与启示[J]. 科学管理研究，2018，36(3)：106-109.

(2) 金融服务体系不健全。目前我国农业科技创新金融体系以政策性金融为主，农村合作、商业型金融机构力量较弱，私人借贷更是微乎其微。缺乏农业科技创新的服务中介机构、融资服务中介机构、担保机构。风险投资主体过于单一，审批程序又十分复杂，整个风险投资市场运行状态不佳。各金融机构间不能相互补充、相互促进，支农金融机构资金来源途径较少，无法提供充足的资金支持农业科技创新。

(3) 金融服务制度不完善。金融信用体系和风险防范体系不完备。虽然我国已有1.6亿农户建立了信用档案，1亿农户进行了信用评定，但无法对广大农户和中小企业征信状况进行及时、有效的记载和跟踪[①]，尚未建立起有效、完备的信用体系，致使抵押登记平台建设滞后，不利于金融支持农业科技创新。再者由于农业受自然风险影响大、抵抗力弱，农业保险的赔付率又一直居高不下，大多保险机构会紧锁农业保险的出口，加之没有得到政策和法规的支撑，大多数保险公司都不愿意提供涉农服务，农业保险覆盖率低，农业保险严重缺位，难以引导金融机构参与支持现代农业科技创新，金融支农环境没有得到有效改善。

3) 金融法律体系不完备，缺乏法律保障。

市场经济的本质是法治经济，所有经济活动都离不开法律规范[②]。虽然，近年来仅国务院办公厅、财政部、科技部等国家部门为科技发展而专门制定的政策就有30多条[③]，如星火计划、科技入户计划等，但大多针对农业科技成果转化与产业化，与农业科技创新相关的政策与法律法规较少。加之，对知识产权保护的不重视，缺乏规范的法律体系，致使投资者的政策风险比技术风险更大，致使知识产权保护风险成为农业科技创新发展的制约因素[④]。缺乏法律保障，出现政府的过度干预、农业科技金融操作的盲目性和随意性等问题，阻碍了农业科技创新的发展。

2. 我国农业科技金融体系建设的相关对策与建议

通过借鉴国外农业科技创新金融支持体系的成功经验，针对我国农业科技创新金融体系存在的实际问题，提出以下对策与建议。

1) 构建多元化金融投资主体体系，明确划分支持重点

农业科技创新与金融支持体系间的矛盾，导致我国金融投入力度明显不足，单纯依靠财政投入解决农业科技创新资金短缺问题还远远不够，因而有效构建多元化的金融投资主体体系，拓宽融资渠道，是解决农业科技创新中的金融问题的当务之急。

(1) 加大政策性金融投入力度。针对农业科技基础设施建设、科研机构研发的公益类的有市场价值的创新，可以设置农业科技创新基金、投资引导基金等，以政府投入为主导，并依据发达、欠发达区域划分，调整财政支持力度，提高财政资金的配置效率，做到有针对性、重点性的支持，发挥政策性金融的导向作用。

(2) 有效改善商业性金融投入。针对大中型企业的农业科技创新，政府应出台税收、

---

① 雷德雨, 张孝德. 美国、日本农村金融支持农业现代化的经验和启示[J]. 农村金融研究, 2016(5)：50-54.
② 康晓虹. 国外农业科技金融经验借鉴及启示[J]. 科学管理研究, 2015, 33(4)：121-124, 128.
③ 陈宇. 农业科技的金融支持研究[D]. 长沙：湖南农业大学, 2014.
④ 黎红梅, 汪邹霞. 金融支持农业科技创新的国际经验[J]. 世界农业, 2016(1)：79-83.

贷款利率优惠政策、贷款贴息政策等，调动企业和金融机构的积极性。各金融机构研究适合现代农业科技创新发展的信贷评价新模式，适当增加信贷供给。一是定期为金融机构工作人员开展农业相关知识的培训，让其对农业领域有所了解；二是对需信贷的企业进行农业评估、成果评价，以便金融机构能更好地了解客户的技术水平、成果推广转化应用的前景和资金状况，降低涉农贷款不良率；三是建立金融机构联盟，针对资金需求量大的企业，采取联合贷款方式，并依据企业特点，适当调整贷款利率、抵押方式、回收方式等，在有效防范和控制贷款风险的同时为大中型农业科技创新企业提供便捷、准确、适当的金融服务，促进农业科技创新发展。

(3) 积极引导合作性金融投入。对于小型企业或者农户，不仅需要加大政策性扶持和指导力度，还要充分发挥政府及农村信用社的引导和支持作用，鼓励风投、私募基金投资。建立农村合作基金会、农业企业互助基金会这类民间金融机构并赋予其合法地位，同时建立风险投资基金制度，规范投资行为，维护市场秩序，适度放宽个人风险投资的要求[①]，积极引导民营资本、国外资本的风险投资和社会融资，激活民间资本，填补地方尤其是农村金融空洞。

2) 创新支持农业科技创新的金融产品，规范发展互联网金融平台

改变传统的抵押贷款方式，可利用商标权、专利权等作为质押，针对企业的性质和产品特点制定差别化信贷政策，创新金融服务。搭建互联网农业科技创新金融支持平台，提供更加便捷的金融信息、业务办理、信贷资源搜集和支付结算服务，有效对接农业科技创新资金的需求端与供给端，在信贷、税收等政策上，向互联网金融倾斜，创造良好的发展环境，激发互联网金融市场活力，并对互联网金融等活动中的违法行为进行打击，规范互联网金融平台发展。

3) 建立完善的风险保障体系，促进金融供需双方合作

构建"政府+金融机构+担保机构+保险机构"的多重风险补偿、分担、保障机制，是解决农业科技创新融资难的有效途径之一。在风险保障体系的建设中，政府细化农业科技创新过程中可能出现的风险，并建立一些风险补偿基金，分担和消化部分风险损失。金融机构培育一批农业金融复合型人才，对科技创新项目的可行性、投资价值、市场价值等内容进行分析，选择市场前景好的科技项目提供金融支持，以降低风险。构建现代农业金融抵押担保体系和信用体系，鼓励开展"林权证＋保单"抵押贷款、经营权和大型农用机具抵押、订单抵押贷、"三权"贷款等金融信贷产品[②]。建立现代农业企业公开透明的诚信体系，采集农业科技创新企业主体信息入库评级，并由金融机构提供授信，降低贷款风险。同时，构建包括政府、农村合作社、互助基金会等组织的联合担保体系，保证金融机构在融资过程中的利益。加强农业保险体系建设，调动企业、农户、保险公司的积极性，尤其是政策性农业保险制度是管理农业风险的有效手段。政府应加大农业科技创新过程中保险的财政补贴力度和补贴比例，强制企业、农户购买农业巨灾险，并出台相关补偿机制，弥补因自然灾害造成的巨大损失。通过补贴等形式鼓励企业和农户购买其他农业险种，降低风险，同时积极引导商业保险机构开展农业保险业务。保险机构应不断开拓农业保险业务

---

① 黎红梅，汪邹霞. 金融支持农业科技创新的国际经验[J]. 世界农业，2016(1)：79-83.
② 申蕙. 金融支持现代农业发展研究[D]. 昆明：昆明理工大学，2017.

范围，创新保险品种，推出一些具地方特色的农业保险，尽可能满足农业风险多样化的要求。

4) 完善服务体系，提升服务水平

金融机构应强化服务与参与意识，改变服务模式，注重主动营销，从被动服务转变为主动服务，从单纯的资金服务转变为多元化的服务，针对企业的性质和产品特点制定差别化的信贷政策与信息服务，从细节上提升服务水平。培育中介服务机构，为农业科技金融供需双方提供信息咨询、市场分析、交易代理等服务，推进农业科技创新的资本市场、信用体系、担保体系、保险体系协同发展。

5) 制定相应法律法规

制定相关法律法规能保证金融有效地支持农业科技创新。出台一些鼓励科技创新、金融投资、金融监管、市场交易的法律法规、条例法案等，有助于促进农业科技创新企业与金融机构的合作，保障农业科技创新金融运作有章可循，更好地为农业科技研发和涉农科技企业发展提供法律保障[①]。

8.1.4 科技创新及科技成果转化都依赖于金融资金支持

科学技术的产生、发展和创新不仅需要投入资金、人力、物力和时间，而且需要先进精密的仪器设施、良好的科研环境和政策以及复合型科技创新人才。因此，科技创新及其成果转化需要大量的资金保障。科技创新具有显著的生命周期，从种子期到成长期再到成熟期和衰退期，不同研究阶段的资金需求和投入方式是不同的，尤其是在科技成果转化初期对资金的需求最急切。我国每年的科技成果和专利技术成功转化率(约20%)远远低于发达国家。造成这一现象最重要的原因就是缺乏资金支持，我国大部分的科技成果转化资金都是依靠企业自筹和政府财政拨款的途径解决，但这些远远不能满足科技创新的需求[②]。因此，将金融支持融入科技创新和科技成果转化中，可以从多方位、多角度为科技发展提供资金支持和服务，进而为科技创新提供稳定的资金保障和良好的外部环境。

8.1.5 科技创新为金融业发展提供新机遇和空间

在经济全球化的形势下，加快科技创新的步伐，提高科技创新能力已经成为我国的基本国策。科技创新为金融业发展开辟了新的投资渠道，通过资金向科技创新各个研究阶段的流入，实现金融资本和科技资本的有机结合，提高投入产出水平和资金的使用效率，科技创新成果高收益给金融机构带来资金回报，促进金融业持续健康发展。科技创业不同于传统制造和流通行业的特点，激发了金融机构在功能定位、业务管理、操作流程、产品结构、组织结构、风险管理及经营和盈利模式等方面进行调整，以适应科技创新活动的需要，进而促进金融业进一步扩大规模、调整方向、创新产品、优化功能，有利于金融机构的健康发展。

---

① 康晓虹. 国外农业科技金融经验借鉴及启示[J]. 科学管理研究，2015，33(4)：121-124，128.
② 李海霞，朱金玉. 科技创新的金融服务体系、机制与政策研究[J]. 财务与金融，2014(2)：72-75.

8.2 金融支持科技创新的独特运行机制

在市场经济体制下,对科技创新进行金融支持必然离不开基于市场的支持手段,通过市场对科技创新的不确定性和收益进行调节和组合,使得金融资源得以有效配置和充分利用,推动科技创新的成功实施。同时,对于科技创新来说,同样会存在"市场失灵"的领域。在一些领域,一旦产生重大技术突破,只要选准市场切入点,其产生的效益将十分可观。但是这些领域往往是带有高度不确定性的,并且需要长期的大量先期资金投入进行研发,而在技术突破取得成功后,向市场导入时往往具有天然垄断或者公共品的特点。因此,对创新进行金融支持必然会存在政策型金融支持和市场型金融支持两种类型[①]。

政策型金融支持是指国家相关职能部门通过制定和贯彻政策、方针、法规,设立专门机构等方式从宏观上对货币供应量、资金获得和使用的成本、资金获得和使用的导向、资金使用收益的分割等进行指导,从而体现出对科技创新活动的政策倾斜,促进科技创新的成功实施。

市场型金融支持是指社会经济体系在市场机制的约束下,基于市场的价格发现和资源配置功能,引导社会资金进入企业创新活动,通过对创新不确定性和创新收益的有效分割和组合,促进产业资本和金融资本的融合,依靠成功的科技创新实现产业资本的壮大和金融资本的增值。

8.3 四川省农业科技创新驱动金融发展现状

资金投入是提高农业科技创新能力的重要因素,而金融渠道融资是农业科技创新资金投入的主要途径之一。目前四川省的各金融部门已经将支持四川省农业科技创新作为重要职责。同时,也使得金融部门能进一步在科技领域履行和发挥自身职能,在支持农业科技创新和促进农村经济发展的同时也促使了自身的发展和提升。因此建立并完善多元化的金融支持体系势在必行。

科技是第一生产力,而保证国家经济持续增长的内在动力与关键要素是科技创新。需要强大的推动力来支撑科技创新的实现,而推动力形成的关键因素又与金融制度密不可分,因此完善的金融体系制度是激励科技创新工作顺利进行的重要保障之一。目前,我国关于科技研发和科技成果转化的体系尚不完善,金融部门对科技创新的支持不足,相关政策尚待完善,因此我国的科技创新很难取得突破性进展。

8.3.1 财政资金支持农业科技创新现状

财政支农指标选取的是《四川统计年鉴》中政府对农业投资的支出金额。统计显示,

---

① 李建伟. 技术创新的金融支持——理论与政策[M]. 上海:上海财经大学出版社,2005.

四川省农业固定资产投资总值由 2005 年的 105.45 亿元增长至 2016 年的 1305.77 亿元(表 8-1),增长十分迅速。主要原因有以下几个方面:①改革开放以来,尤其是近几年,四川省整体经济呈持续快速健康发展的趋势,综合财政实力显著提高,在一定程度上为农业发展提供了资金渠道。②党中央高度重视"三农"工作,坚持贯彻落实"多予、少取、放活"的方针,国家财政对"三农"的支持力度不断增强;③四川省全面推进社会主义新农村建设,发展现代农业,促进农民增收,财政资金投入也由以前的"农村支持城市、农业支持工业"逐渐转变为 "城市支持农村、工业反哺农业"。

表 8-1 四川农业固定资产投资情况

项目	2005 年	2006 年	2007 年	2008 年	2009 年	2010 年	2011 年	2012 年	2013 年	2014 年	2015 年	2016 年
农业投资总值/亿元	105.45	142.99	193.60	281.71	523.91	500.81	280.29	462.68	667.23	752.16	1001.36	1305.77
占总投资比例/%	3.0	3.2	3.3	3.7	4.4	3.7	1.9	2.6	3.2	3.2	3.9	4.5

数据来源:四川统计年鉴

8.3.2 政策资金支持农业科技创新现状

中国农业发展银行四川省分行,始终坚持政策性银行办行方向,牢牢抓住国家强农惠农和建设社会主义新农村的重大历史机遇,坚持"两轮驱动"业务发展战略,大力支持"三农"发展,有力地促进了全省农业农村经济的快速发展。据统计,中国农业发展银行四川省分行 2009 年全年投放贷款 273.73 亿元,比上年多投放 32.92 亿元;2010 年全年投放贷款 281.83 亿元,2011 年全年投放贷款 348.46 亿元,比上年多投放 66.63 亿元;2012 年全年投放贷款 450.47 亿元,2014 年全年投放贷款 425.04 亿元,2015 年全年投放贷款 501.93 亿元,2016 年全年投放贷款 775 亿元,2017 年全年投放贷款 1595.76 亿元(表 8-2),总体呈增长的势头,尤其是 2011 年、2012 年、2016 年、2017 年分别比上年增长 23.64%、31.15%、54.40%和 105.90%,支农骨干作用日益彰显。

表 8-2 中国农业发展银行四川省分行投放贷款情况

项目	2008 年	2009 年	2010 年	2011 年	2012 年	2013 年	2014 年	2015 年	2016 年	2017 年
全年投放贷款/亿元	240.81	273.73	281.83	348.46	450.47	424.60	425.04	501.93	775.00	1595.76
年增长率/%	—	13.67	2.96	23.64	31.15	-5.74	0.10	18.09	54.40	105.90

数据来源:中国农业发展银行四川省分行

中国农业发展银行四川省分行 2008~2017 年投放到涉农行业和涉农科技创新研究的贷款呈稳步增长趋势,到 2017 年投放达到了 1595.76 亿元,支持农业发展的资金投入力度不断加大,信贷结构也持续优化。

8.3.3 商业资金支持农业科技创新现状

近年来,四川省农村金融服务体系也日益完善,政策性、商业性、合作性及民间金融机构之间分工明确、协调合作、相互补充,使得金融机构类型更加多元化,金融服务更加广泛,基本形成了符合农村经济发展的金融服务体系。由 2010 年年末全省数据统计可知,全省县级及县级以下农村地区共有银行类金融机构网点 8845 个,占全省网点总量的 70.39%,其中农村信用社网点 4774 个,邮政储蓄银行网点 2252 个,农业银行网点 953 个,农业发展银行网点 87 个。据国家公布的统计数据可知,截至 2009 年,四川省仍然有 982 个乡镇的金融基础服务是空白,约占全国的 43.6%,其中三州地区就有 746 个乡镇的金融基础服务是空白,占全省 75%以上。由全省统计数据可知,截至 2017 年,各大银行在 4146 个乡镇累计设立标准化网点 9237 个、行政村(社区)助农取款点 4556 个、农村金融服务站 488 个、农村金融服务联络员 2302 人,布设各类自助银行设备 415115 台。金融服务网点空白乡镇总数比 2012 年下降 25.15%。总体上,四川省少数民族和偏远地区的金融基础服务严重缺失,全省农村金融服务网点分布极不均衡。

近年来,各级政府不断加大对农村金融领域的支持力度,积极引导各类金融机构在农村设立分支,基本建立了农村金融组织体系。但各类金融机构在农村的发展非常不平衡,机构类型少,覆盖率偏低。据 2010 年不完全统计数据显示,银行类金融机构在四川省农村地区的网点数量约 9000 个,仍然占据主导位置;其他金融机构也有不同程度的发展,保险公司服务部 3000 余家,小额贷款公司 73 家,农业担保公司 18 家。截至 2017 年年末,银行业机构网点已覆盖全省所有县(市)和绝大多数乡镇,基础金融服务已覆盖全省所有乡镇。全省 89.8%的银行业机构通过线上、网点、业务、客户等多种渠道开展农村金融服务,银行、保险、担保等机构在国家一系列涉农优惠政策的鼓励下,拓展农村市场,发展农村业务,实现了涉农金融业服务增长,促进了农业生产和农村经济发展。但证券、期货等金融机构几乎没有开展针对农村地区发展的业务。据涉农贷款统计制度建立以来的数据显示,四川省 2008~2010 年的涉农贷款余额快速增长,年均增幅均在 30%以上,其中,2010 年涉农贷款余额 5786.94 亿元,占全部贷款的 29.81%,较年初增加 1378.01 亿元,增幅为 31.26%,高出全省各类贷款平均增速 8.52 个百分点。但是由于农村经济发展相对落后,农村金融市场仍然存在较高的风险。据四川省县域经济网统计数据,截至 2017 年年末,全省银行业涉农贷款余额达 1.59 万亿元,占全部贷款的 32.78%,连续 8 年实现持续增长。一是支持农业产业融合发展。通过金融政策和产业政策协调发力、互利共赢,大力支持现代农业、绿色农业、智慧农业、休闲农业、康养农业等产业融合发展。支持广汉市等 20 个现代农业示范县农业贷款 258.47 亿元,支持绿色农业开发项目 35.11 亿元,支持智慧、康养、休闲旅游农业贷款 48.09 亿元。二是推进产品和服务方式创新。成功建立了一批低成本、可复制、易推广的金融服务模式,如作为全国首个农村金融服务改革试点城市的成都市,研究搭建了"农贷通"综合金融服务平台,集农村信贷、产权交易、农村电商"三站合一",引导银行业机构积极培育和满足涉农信贷需求。成都农商行积极探索"金融+互联网"新模式,利用网上银行、手机银行、微信公众号等线上形式普惠更多的客户,已实现集贷款申请、审批、支用、还款全流程网上自助办理。截至 2017 年年末，四川银行业发放双基合作惠农贷款 27.71 亿元、"四权"抵押贷款 73.66 亿元。三是支持贫困地区工程项目建设。积极支持藏区牧民定居、彝家新寨新村和巴山新居工程建设贷款 132.84 亿元。88 个扶贫县贷款余额 7267.69 亿元，贷款增速高于各项贷款平均增速 3.86 个百分点，扶贫小额信贷余额 109.37 亿元。

在涉农金融机构中，占据四川省绝对地位的是农村信用社。"立足农村、拓展商户、扶持中小企业"是四川省农村信用社始终坚持的市场定位，通过创新服务和扩大有效信贷投放的方法，为"三农"发展和全省农业经济发展做出了积极贡献。"十一五"期间，四川省 89%的农业贷款、98%的农户贷款都是由各级各地农村信用社提供的，是全省金融支农的主要力量。但随着四川农业产业化和农业企业转型升级，对金融支持的依赖不断增强，因此现有农业金融体制很难满足农业发展需求。

专栏一：运用大数据金融科技，助推货币信贷政策有效传导

中国人民银行成都分行运用大数据技术、分布式架构、开放式模块化设计等金融科技新技术，历时 3 年成功自主开发出货币信贷大数据监测分析系统。截至 2017 年年末，四川 220 余家银行机构和 21 家人民银行市(州)机构通过系统报送数据 1.2 亿余条，生成各类统计报表和图表 8600 余份，查询、分析、预警扫描数据 9000 余次，形成了可观的业务生产力，极大提升了货币信贷政策传导的精准性和有效性。

(1) 实现原有监测平台的有机整合，有利于货币信贷数据综合运用。目前系统已上线 154 张监测报表，涵盖货币政策、信贷政策、MPA、金融市场、利率管理、跨境人民币、金融精准扶贫七个方面。监测任务根据业务需求定制，实现货币信贷统计标准化，对金融精准扶贫、再贷款再贴现资金投向、重点项目支持情况、高端产业融资对接情况、绿色债券募资用途等台账，实现精准监测、精确分析和灵活运用。

(2) 实现对货币信贷数据深入挖掘，有利于提高形势分析和工作决策水平。自主设计汇总报表，嵌入系统后一键生成标准格式的统计结果，并发布到公告栏与金融机构共享。除支持多条件查询统计、清单比库、多表拼合等复杂的多维查询外，系统提供标准的数据库访问接口，借助 MATLAB 等数据分析软件，对数据进行智能化统计建模分析。支持一键完成对全省近 180 家法人金融机构的 MPA 评估，进行金融精准扶贫目标任务考核，辅助开展涉农、小微信贷政策导向效果评估等，结合图表功能，更直观地反映货币信贷运行情况。

(3) 实现货币信贷政策快速发布，打通货币信贷政策传导"最后一公里"。对货币政策工具运用、金融市场债务融资工具发行等进行监测、分析、管理。对支农、支小、扶贫、创业等普惠金融领域执行情况进行监测，实施普惠金融定向降准考核评估。实施全省重点企业项目、"三农"和小微企业金融服务、房地产信贷调控、科技和金融结合、淘汰落后产能等信贷政策监测，定期分析信贷投向，督促金融机构及时优化信贷结构。单向传递的公告功能和双向沟通的邮件功能，畅通政策发布、传导和信息反馈渠道。

(4) 实现对改革创新工作精准监测，稳妥推进各项金融改革试点工作。依托系统调查问卷发布和汇总功能，配合系统收集、整合海量数据，对四川农村"两权"抵押贷款试点、农村金融综合服务改革、利率市场化改革、跨境人民币结算试点等重点改革内容进行全方位监测,对各地区、各机构金融改革试点工作推进情况进行精确分析。

(5) 实现融资供需线上对接,提升货币信贷政策服务实体经济效率。通过系统"天府融通"版块,及时向金融机构推送分类别、分层次、分区域的诚信企业项目标准化融资需求,引导金融加强融资对接,实现信贷政策传导清单化、精准化,借助征信系统,实行优质、诚信企业名录动态化管理。目前已推送2017年四川拟摘帽退出的16个贫困县、3700个贫困村信息和516户战略新兴企业、349家重点文化企业、1644户工业企业、700户重点农业产业化龙头企业等融资信息,金融机构通过对接向相关企业和项目发放贷款超过9800亿元。

(6) 实现网上业务备案审批,有效延伸政务服务空间。系统实现对金融机构跨境人民币、金融市场监管、存款利率差异化定价等业务的备案功能,优化了网上备案、审批等电子政务办理流程。如,建立了四川省银行间市场债务融资工具发行申购提示模块,各承销机构可将拟在银行间市场发行的债务融资工具基本情况,向货币信贷管理部门申请发布,审核通过后及时推送给各金融机构进行意向申购。随着中国人民银行货币信贷职能的不断拓展,更多的网上审批、网上备案、电子政务办理将逐步整合进系统。

8.4 四川农业科技创新驱动金融支持存在的问题

8.4.1 政府投入不足

与发达国家相比,我国用于农业的财政支出比例很低。发达国家对农业科技的投入基本上是政府和企业各占一半,其中,政府对农业科技的投入约占农业总产值的2%,而科技进步对生产总值增长的贡献率高达60%~80%[①]。我国的财政农业支出也随着国民生产总值的增长而呈逐年增长的趋势。根据中国统计年鉴数据可知,从2004年开始,国家财政用于农业支出的总量大幅提升,到2011年农业支出总额高达10497.7亿元。尽管我国财政农业总支出的绝对规模在持续增长,但相对规模变化较小。1978~2011年,除少数年份外,我国财政农业支出占财政总支出的比重基本稳定在7%~10%,且用于农业科研和技术推广的支出严重不足,只有两个年份的农业科技费用占财政农业支出的比重超过了1%,其余年份均徘徊于0.7%左右,这种状况远远不能满足农业科技创新发展的需要。在经济发展相对滞后的西南地区,农业科技三项费用占财政农业支出的比重过低,农业投入资金严重不足,已成为制约农业跨越式发展的关键性因素。

---

① 高云峰. 农业产业化发展中的金融约束与金融支持[J]. 农业经济问题, 2003(8): 16-20.

8.4.2 金融机构支持不到位

据统计数据显示，2000年开始四川省涉农信贷整体规模不断扩大，除2006年涉农贷款总额出现负增长外，其余年份都是增长，2009年涉农贷款总额达874.52亿元，截至2017年年末，全省银行业涉农贷款余额达1.59万亿元，占全部贷款的32.78%，连续8年实现增长。除2005年外，其余年份四川省农业贷款的环比增长率都低于其他贷款，也低于全国农业贷款的环比增长率。近年来，农业贷款环比增速与其他贷款环比增速间的差距不断扩大，且农业贷款的比例也长期处于下降趋势。以上事实说明，四川省的农业信贷投放力度不但没有提高，反而出现小幅下降。

由上述分析发现，四川省农业贷款的占比经历了由缓慢增长到逐步放缓的发展过程，仅2005年增长较快。从2006年开始四川省农业贷款的占比持续下降，尤其是近几年的下降幅度不断增大。这说明四川省的农业贷款总量虽然在不断增大，但相对其他产业的贷款而言，其投放增速实际是缓慢的，相对投入量严重不足。

从贷款期限分析，四川省农业贷款主要是短期贷款，而其他行业的贷款主要是中长期贷款。据2010年的调查数据显示，四川省中长期贷款占所有贷款的73.97%，短期贷款占25.98%，信托类贷款占0.05%。由2017年四川统计年鉴数据可知，四川省中长期贷款共11030.00亿元，占贷款总额的84.18%，短期贷款共2071.75亿元，占15.81%。由此可见，中长期贷款具有明显优势，因此贷款结构需要进一步优化。由于农业行业存在高风险、低效益、周期长等特点，因此四川省的农业贷款以短期贷款为主，而中长期贷款非常少，且一般只对龙头农业企业或重大农业项目放贷。

从贷款投放领域看，放贷重点对象突出，且明显向"三农"倾斜。其中短期贷款主要投向农业领域；而中长期贷款主要投向农业生产的基本建设领域。2010年的统计数据显示，四川省本外币短期贷款总余额4873.16亿元，主要向农业和粮食收购领域投放；而本外币中长期贷款总余额13872.89亿元，则投放到了农业水利建设、机械、资源开发、科技研发、农田建设等农业基本建设领域，为了显著增强农业生产发展的后劲，四川省应该鼓励并支持金融机构增加农业中长期贷款的支出。

8.4.3 技术创新金融支持系统结构单一

政府财政科技专项拨款、银行科技开发贷款和政府资金是目前四川省农业技术创新资金的主要来源。而在发达国家，科技创新资金的来源渠道丰富，如美国科技创新资金来源于企业、金融机构、保险公司、投资者、基金和政府财政等。相比之下，四川省的技术创新金融支持系统单一，存在以下结构缺陷：①缺乏活跃的资本市场，对政府财政拨款和银行信贷资本过度依赖，而拒绝将其他的社会资本注入科技创新领域。一方面政府资本有限，无法产生广泛的示范效应，也不能发挥导向作用；另一方面银行信贷资本与技术创新在本质上是相悖的，银行功能得不到充分发挥，结果多数高新技术企业由于技术创新能力不足又缺乏足够的资金支持，导致不能实现跨越式发展。②非银行金融机构、合作性金融机构等金融中介机构极度缺乏。③中小企业服务产权市场尚未发展起来。④融资工具和途径缺乏。

8.4.4 传统金融机构与金融产品不适应技术创新

农业发展银行、农业银行、农村信用社以及邮政储蓄银行等是为四川省农业发展提供金融支持的主要金融机构。近年来，出于风险评估、效益回报以及资产安全等问题的考虑，农业银行在信贷资金投入上越来越具有择优性与趋利性，逐渐远离农业产业。随着农业银行的上市，其商业化进程进一步加快，服务农业产业的功能将进一步被淡化。并且农业银行贷款审批手续烦琐、落实时间长，与农业生产的周期严重脱节，影响了信贷效率。农业发展银行一直以来，主要专注于农业流通环节的投入，为粮棉油收购提供资金，而对农业科技研发以及农业生产的贷款过少。农村信用社以及邮政储蓄银行在服务的规模、内容和方式上存在很大不足，其商业化倾向也非常严重，资金大量流向收益较高的行业。这样不仅使传统金融机构对农业信贷的投放量不足，而且其金融产品也与农业技术创新不相适应。

8.4.5 缺乏完善的政策性金融扶持

农业科技创新及成果转化存在着周期长和风险高等现实问题，仅仅依靠市场作用不能完全满足农业企业在科技创新和成果转化上的资金需求。发达国家对企业的科技创新是非常重视的，专门制定了比较完善的政策和措施对科技创新进行资金支持，而四川省相关的投资体制则十分缺乏。虽然四川省的财政和货币政策都鼓励和支持涉农企业创新，但对银行及财政支持农业企业创新的引导却非常缺乏，而金融机构承担风险的能力不足，也不愿意承担风险，且这类投资的回报周期长，效益不可预测，因此缺乏对科技创新及成果转化贷款支持的积极性。

8.5 构建四川农业科技创新金融支持体系

金融支持体系是由资金流动的工具、市场和市场参与者等金融要素组成的综合体。它是资金流动的基本框架，主要通过提供金融产品和金融服务，促进资源整合和价值创造，进而促进经济发展。四川农业科技创新金融支持体系由投融资体系、风险保障体系、信用担保体系和金融信息咨询体系四个密切联系又有针对性的子系统组成(图8-1)。其中金融支持体系的核心是投融资体系，其他3个体系是金融支持体系必不可少的支撑系统，可以为投融资和科技创新提供服务，也可以降低并分散风险。

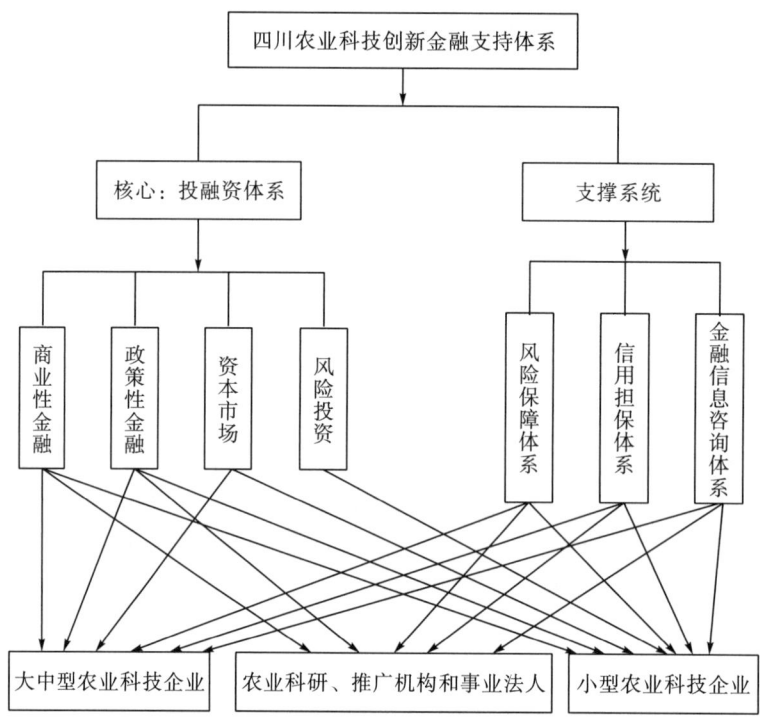

图 8-1　四川农业科技创新金融支持体系

专栏二：成都市农村金融服务综合改革试点进展

2015 年 7 月 17 日，中国人民银行会同国家相关部委、四川省人民政府联合印发《成都市农村金融服务综合改革试点方案》（以下简称《方案》），成都市成为全国首个国家多部委联合推动的农村金融服务综合改革试点地区。从获批试点以来，成都市在"农贷通"平台建设、"农业共营制"等方面取得了一定成效和经验。

1. 完善农村金融组织体系

组建新型农村金融机构。新网银行和天府金融租赁公司均已开业，京东集团发起设立互联网财险公司正有序推进。累计设立村镇银行 14 家，4 家村镇银行新增资 4.8 亿元。温江区、郫都区、崇州市等地探索开展了基于农民专业合作社的资金互助社。彭州成立了首家专注于农产仓单质押的仓储公司。

探索开展农村地区普惠金融综合服务。全市 4952 个银行卡助农取款服务点，全面实现联网通用和查询、取款、代理缴费、汇款等功能。农村地区开通网上银行业务客户 610 万户，开通手机银行客户 617 万户。建成村级农村金联综合服务站 1787 个，依托服务站开展金融宣传、融资对接、支付结算等业务，初步实现农村金融、产权交易、农村电商"三站合一"。

2. 推进农村金融产品和服务方式创新

创新农村多元化的财产权抵(质)押方式。引导金融机构开展经济林木(竹、果)权、集体资产股权、养殖水面经营权抵押贷款，花木仓单、农产仓单质押贷款等。截至 2017 年 3 月，全市农村产权抵押贷款余额 119.9 亿元。探索统一的涉农动产融资登记，推动应收账款融资业务，截至 2017 年 2 月，已注册开通应收账款融资服务平台金融机构用户 518 户、借款企业用户 2215 户，累计办理应收账款融资业务 301 笔、455 亿元。

改进和完善涉农信贷模式。实施新型农业经营主体金融服务主办行制度，截至 2017 年 3 月，250 个新型农业经营主体贷款余额 45.2 亿元。探索"农业共营制"，创新农业职业经理人凭资格证书信用贷款模式。其主要特点是：以土地股份合作社这一新型农业经营主体作为现代农业发展的核心；以农业职业经理人来部署该种什么、该做什么，合作社成员既是股东又是田间地头打工者；以农业科技、农业供销、农业品牌、农村金融等为配套的现代农业服务体系，从而推动农业产业化的发展。崇州市已组建土地股份合作社 246 个，入社面积 31.6 万亩，占全市耕地面积的 61%；入社农户 9.2 万户，占全市总农户的 61%；培育农业职业经理人 1887 人，在土地股份合作社上岗的有 823 人，其中已取得农业职业经理人证书初级的有 338 人、中级的有 115 人、高级的有 19 人。截至 2016 年，累计发放农业职业经理人贷款 133 笔、2922 万元。指导和推动涉农金融机构与农电产业化龙头公司合作，开展农业产业链融资。运用微贷技术，结合手机信贷创新推出线上标准化农户授信业务。围绕各区县推进的幸福美丽新村"小规模、组团式、微田园、生态化"模式，创新开展集体建设用地使用权直接抵押融资。

精心打造"农贷通"融资综合服务平台。成都市按照"一个平台、三级管理、市县互动"思路，运用现代信息技术，搭建了全国首个集"普惠金融、信用体系、产权交易、财金政策、资金汇聚、现代服务"为一体的"政保银企"融资综合的系统化服务平台——"农贷通"平台，通过标准化、规范化建设，提高金融资源的配置能力和水平。以崇州、彭州、都江堰三地为试点的"农贷通"平台已经成功运行，具备涉农政策发布、数据汇集、报表统计展示、融资对接入口、贷款在线审批等核心功能，以大数据为基础建模把控小额分散贷款，现已接入 10 余家金融机构，实现贷款发放 1.88 亿元。依托全市已建成的 1700 多个村级金融综合服务站作为线下物理平台，农户通过"农贷通"系统，足不出户即可办理银行账户查询、小额存取款、存折打印、转账、代扣代缴、购买理财产品等"微银行"服务。

完善担保机制。成立全国首家农村产权担保公司——成都市农村产权流转担保公司，由市县两级政府出资成立县级农业担保公司，构建覆盖全市的涉农担保服务体系。已设立市、县两级规模共计 1.65 亿元的农村产权抵押融资风险基金，基金与银行按 8：2 的比例分担风险。

创新涉农保险服务。全市开办政策性农业保险 21 种，2016 年实现农业保险保费收入 6.16 亿元，提供风险保障超过 450 亿元，实施理赔 3.13 亿元，受益农户 26 万户。在全国首创开展农村土地流转履约保证保险和生猪价格保险，在全省率先开展农产品气象指数保险——柑橘冻害气象指数保险，首次承保面积 311 亩、保额 62 万元。

3. 培育多层次资本市场和农村产权市场。

创新拓展直接融资渠道。发行国内首支涉农投融资平台中期票据 20 亿元。支持涉农企业发行私募债 32 亿元。财政出资、市农发投公司设立 5 亿元"成都市现代农业产业发展引导资金"，与金融机构签订 120 亿元产业基金的合作协议，设立了蒲江耕地质量提升基金、菁蓉瑞领创投基金、涉农基建基金 3 只基金，规模 40.5 亿元。成都(川藏)股权交易中心作为全国唯一的跨省区的区域性股权交易场所,共有883家中小微企业挂牌展示,其中涉农企业129家。

健全农村产权交易市场。通过"确权颁证、还权赋能",累计颁发各类产权证和股权证895万本,农村产权确权颁证已全面完成。村组完成清产核资和股份量化面达98%以上。组建全国首家农村产权交易所、农村产权维护法律援助中心、农村产权仲裁院和金融仲裁院,建立了市、县、乡三级农村产权纠纷调处机制和流转服务体系。积极探索市场化流转和处置方式,成立全国首家农村产权收储公司和专注于农产品仓单质押的仓储公司,并引入民间资金设立涉农抵贷资产收储联盟和农村产权价值评估公司。成都农村产权交易所各区县子(分)公司全面建成,并已与省内5个市州和83个区县市联网运行,流转农村产权1.4万宗,累计交易额567亿元。

4. 构建农村金融持续创新的长效机制

培育现代农业主体,为金融机构开拓农村市场创造条件。积极发展农业专业合作、土地股份合作等新型农业经营方式,大力发展新型农业经营主体和服务主体,培育农村金融的内生需求。推进综合示范基地、产村相融的现代农业精品园区和都市现代农业示范带建设。加快新型城镇化建设,推广土地股份合作、"大园区+小业主"等土地流转适度规模经营模式。让留在农村的农民"转地不失地",既有财产性收入,又有工资性收入。

强化农村信用体系建设,支持银农对接。全市已建设信用乡镇117个、信用村1398个、信用户5.1万户。12家村镇银行获准接入中国人民银行征信系统,6家征信机构对外提供涉农企业信用报告服务4576户次。依托"农贷通"平台建设,在崇州、彭州、都江堰试点建立了以新型农业经营主体为对象的信用信息数据库,采集入库1276户新型经营主体信用信息,有力支持了银农对接。49个部门联合对失信被执行人在特定行业准入、政府支持或补贴、任职资格等11个方面实施惩戒措施,营造良好的金融生态环境。

8.5.1 投资融资体系

1. 商业性金融支持体系

农业科技创新项目或企业要获得商业性金融机构的支持,就必须符合市场要求、满足投资方的利益需求、降低投资方的风险性以及保证合作的稳定性。因此,要获得商业金融投资的科技创新项目,就要创造具有较高吸引力的预期效益且是低风险的,这就要求承担科技项目的团队必须具有较强的科研创新实力和经营能力[①]。而符合以上要求的农业科技创新主体主要是自身设有实验室或研发部的大中型农业企业和农业科研、推广机构或事业单位。中小农业科技企业中具有市场前景,未来可以形成科技成果、专利产品的科技研究项目要引进风险投资时,金融投资机构也可以在充分考察、调研、论证的前提下,给予合理的资金注入。商业性金融机构对农业科技创新的支持一般都是通过银行、资本市场、风险投资等渠道进行,这样不仅可以使资金高效地流转和利用,也能够优化市场资源配置,更有利于农业科技资源的利用。促使商业性金融支持四川农业科技创新的关键在于农业市

---

① 邵伟红. 探讨科技创新金融支撑体系的构建[J]. 财经界,2014(3): 8.

场的发展和投资获益的前景。

2. 政策性金融支持体系

政策性金融是商业性金融的补充,其实质是将金融与政府财政两种途径的优势有效结合起来,由政府引导,吸引更多的民间资本支持科技创新工作,进而更好地促进农业科技创新发展和农业产业结构转型升级。尽管政策性金融不是以盈利为目的投资,但是其底线和原则是不能亏损且是有偿的周转性使用。目前,我国主要是中国农业发展银行和国家开发银行为农业科技创新提供政策性金融支持。其支持手段是贷款,支持对象主要是国家重大科技项目,如"农业科技成果转化资金项目"等;一些不能进行市场融资的项目,如前景不明、项目周期长、风险较高、商业性金融拒绝支持,但又极具研究意义的项目;以及国家优先发展,且市场前景较好的科技项目。与商业性金融相比,政策性金融机构对农业科技创新主体没有明确要求,对于承担国家科技计划项目的企业和科研单位的资金支持都持积极态度。而对于小型科技企业的贷款则需要中间委托人来进行贷款,以降低和分散风险。

3. 市场支持体系

要重视市场对涉农企业的支持,建立完善的市场支持体系。对于有足够资金或有能力筹集资金开展科技创新工作的上市农业企业,政府可以给予适当的税收优惠政策,激发农业企业进行科技创新的积极性。对于中小型农业企业,更需要立足于技术改造和科技创新,而上市融资是将企业做大做强的便捷途径之一。我国创业板市场的兴起,对于农业科技企业的发展是有利的。为了给四川省涉农企业的上市创造更有利的环境,省政府、证券公司及其他相关机构都应积极参与,给予相关政策优惠,推动省内农业科技企业发展。

4. 风险投资支持体系

中小型农业科技企业是风险投资的主要对象,这类企业在核心技术和市场竞争方面存在的风险比较大,但收益也较高。风险投资可以在一定程度上弥补传统银行融资的不足,为企业的技术创新提供金融支持。风险投资动力与风险大小不是正向变化关系,风险投资机构要具备承受风险的能力。根据农业科技企业所处的企业周期和风险投资基金目标之间的适应性和阶段性,可以建立政策性和商业性并存的农业科技创新风险投资基金体系[1],为拥有不同分工、处于不同发展阶段的农业企业投资。其中政策性风险投资基金由财政和银行共同出资建立,可以作为市场的启动者,主要向处于种子期和风险期的农业企业投资;而商业性风险投资基金可以面向社会(各金融机构、企业、民间组织及个人)进行公开募集,主要针对长期处于风险的农业企业。

---

[1] 辜胜阻,曹誉波,杨威. 科技型企业发展的多层次金融支持体系构建[J]. 商业经济研究,2011(22):77-78.

8.5.2 风险保障体系

保险对农业科技创新的支持是必不可少的,它主要是通过建立和完善农业科技创新的资金补偿和融通体系来为科技发展提供保障,防控风险。保险业可以在很大程度上减少由于科技研发失败造成的巨额损失,同时可在一定程度上转移和降低潜在民事赔偿责任,给予一定的经济补偿。此外,农业科技创新是保障我国粮食安全和促进农民稳定增收的根本手段之一。但农业发展受自然环境、人为因素、生物物种等诸多因素的显著影响,有些影响因素是无法预测且不可控的,因此可以利用保险的相关保障机制和产品服务来降低风险系数。当然,风险投资者也可以将资金投入到高科技企业中风险性较低的商业性投资基金中,享受高收益[①]。目前,四川省正在积极推进科技创新保险试点工作,已经在农业风险管理和保险方面做了相关准备工作,并鼓励有条件的地区和有实力的保险公司建立科技保险机制。

8.5.3 信用担保体系

信用担保体系的建立和完善,能更好地促进农业科技创新的顺利进行。世界上大部分的信用担保组织或机构都由政府出资设立,主要有担保机构和担保保障资金两种形式,利用信用担保的杠杆作用和间接分配财政资金,以此引导信贷资金或其他资金支持相关企业的科技研发和技术突破。地方政府应该拿出部分资金作为科技信贷风险的担保基金,为科技含量高、市场竞争激烈、经济效益好的科技项目提供一定保障,同时也为承担了科技信贷损失的机构或组织给予相应的、合理的补偿。科技信贷担保机构是否为企业项目提供担保,取决于该项目是否符合国家的有关政策,项目使用的技术是否具有先进性和市场性。为了最大限度地降低、分散并转移信用担保机构承担的担保风险,建立风险防范、风险处理的风险管理体系非常必要。具体措施如下:①政府对担保机构的风险准备金给予一定程度的税收优惠;②尽快落实建立再担保体系,分担信用担保风险。

8.5.4 金融信息咨询体系

金融信息咨询体系的建立和完善,可以更好地实现金融信息的共享,同时也能更好地服务于科技创新领域。金融信息咨询体系主要包括金融信息咨询的机构、公司、组织和网络4大版块,基本能够实现资源的信息化,整个体系可以将科技项目的资金需求和供给连接起来,从而可以使资金的利用更高效、更合理,使资源配置更加优化。随着市场经济的不断发展,对于农业方面的科技创新来说,融资的方式和途径也越来越多样化,不仅仅局限于一定要采用某种指定的方式来承担具体的科研项目。当然,金融信息咨询体系的业务范围是非常广泛的,不仅可以为投资、融资提供可实施的建议,还可以为合作双方撰写计

---

① 卢山,李树军,张怀明. 我国高科技产业发展中的风险投资与作用机制研究[J]. 科学管理研究,2005,23(2):88-91.

划书、项目建议书、可行性分析报告、投资报告和项目实施方案等文件，也可以直接参与到项目合作双方的投融资谈判中，促成双方的合作,提高科技投融资的成功率。整体来说，建立金融信息咨询体系，是为科技创新工作创造良好的融资环境，为合作双方提供优良信息交流、交易平台的必要手段。

8.6 完善多层次农业科技创新金融支持体系的政策选择

8.6.1 科技农业产业的财政税收方面扶持

现代化农业要想取得突破性发展，除了市场定位要精准、布局要广阔外，还要有科技的支撑。发展科技化农业，提升农产品价值，解放劳动力会成为农业发展和投资的趋势。农业企业的发展，还需要政府在财政方面的支持。①对有价值的农业产业和技术上的推广应加大政策和资金的支持；②对科技型农业企业在税收方面应有扶持和适当的减免，降低产业化成本，激发和奖励企业在科技创新方面的投入；③对农业知识产权进行保护，对农业科技产业化运作过程进行规范，维护各个阶层的权益。

8.6.2 完善农村金融服务体系，加大金融机构对农业科技产业的支持

首先，建立健全农业政策性金融制度，在保障粮棉油等主要农产品的资金需求后，应适当将支持的重点向农业科技开发上引导，并对科技成果推广阶段进行适度的金融支持；其次，引导农业银行和农村信用社协调发展，鼓励其改革和创新农业科技方面的信贷业务，与此同时，也要给予一些政策上的支持。

8.6.3 健全风险投资环境和退出机制

要使科技型农业企业发展得更好、更快、更具竞争力，除了其自身的改革创新和努力，政府政策、税收等方面的支持外，还需要资本市场的进入，健全风险投资退出机制。①建立农业产业高新技术科技园，以农业方面高新技术的研究为基础科技化背景，以市场科技创新和经营方式方法创新为导向体系，加大力度培育农业方面的专业应用型科技人才，创建和完善农业从业科技人才福利待遇和个人发展等方面的保障体系。将农业创新型公司、科研机构、高等院校更有效地结合起来，将成果最大化地转为社会效益和经济效益。②充分发挥政府的引导、服务和监督作用。在市场投资的活动中不能损害市场的良性发展和竞争，更不能破坏消费者和农民的权益。③建立和完善风险规避机制。开发建立农业科技保险，由风险投资机构和农业科技企业联合为农业高新技术购买科技保险，由保险公司、科技企业和投资机构多方承担损失。同时，对高新技术农业型企业和风险投资公司股票上市的条件适当放宽，拓宽风险资本退出路径。

8.6.4 设立技术创新产业投资基金

各个阶层的政府部门应认识到投资基金的重要性,借鉴西方投资市场的成功经验,结合各地的具体情况,由政府引导发行基金产品。可以由政府审核一批专业的投资公司,成立一个专门的资产管理委员会,由政府、科技型农业企业、金融银行监管机构、具备农业金融经验的投资公司四方的人员共同出任委员,权利平等,组织者定期轮换。资产交由委员会来管理、监督和审核。基金的投资方向主要为科技型农业范围,不能随意跟踪热门。合理规范地发行基金券让符合条件的人来购买。投资所得的收益及投资失败带来的损失都由四方共同分担,政府所得的收益必须用于地方基础农业设施建设和投资,不能它用。

参 考 文 献

巴吾尔江，董彦斌，孙慧，等，2012. 基于主成分分析的区域科技创新能力评价[J]. 科技进步与对策，29(12)：26-30.

柏振忠，2009. 农业科技创新的投入机制与金融支持问题研究[J]. 科技与经济，22(6)：37-40.

北京大北农科技集团股份有限公司，2014. 创新驱动农业发展产学研助推行业进步[J]. 中国科技产业，(11)：35-40.

彼得·德鲁克，2002. 创新与企业家精神[M]. 张炜，译. 上海：上海人民出版社.

曹若霈，2014. 美国科技金融支持农业发展的经验借鉴[J]. 世界农业，(1)：79-82.

陈斐，康松，康涛，2004. 试论我国农业科技成果转化的问题和对策[J]. 科研管理，25 (1)：23-28.

陈剑平，杜琼，2015. 拓展与参与:农业科研机构治理体系的新变革[J]. 农业科技管理，34(2)：1-4.

陈良猷，韩新伟，2002. 未来科技创新趋势与特点的一些认识[J]. 北京航空航天大学学报(社会科学版)，15(3)：37-41.

陈宇，2014. 农业科技的金融支持研究[D]. 长沙：湖南农业大学.

邱翠玲，2015. 河北省金融支持农业科技创新的现状及对策研究[D]. 长沙：中南林业科技大学.

丁士军，史俊宏，2013. 全球化中的大国农业——英国农业[M]. 北京：中国农业出版社.

董晓辉，傅婉娟，2014. 关于科技创新驱动经济发展方式转变的再思考[J]. 甘肃理论学刊，(2)：161-165.

范维，王新红，2009. 科技创新理论综述[J]. 生产力研究，(4)：164-166.

高启杰，2008. 农业推广学（第二版）[M]. 北京：中国农业大学出版社.

高云峰，2003. 农业产业化发展中的金融约束与金融支持[J]. 农业经济问题，24(8)：66-69.

公衍照，2009. 技术创新的金融支持体系研究[J]. 科技管理研究，29(8)：397-399.

龚建立，闫海燕，王飞绒，2001. 高校科技创新能力与区域经济的互动关系探讨[J]. 科技与管理，3(4)：76-77.

辜胜阻，曹誉波，杨威，2011. 科技型企业发展的多层次金融支持体系构建[J]. 商业时代，(22)：77-78.

国家统计局社会科技和文化产业统计司，科学技术部创新发展司，2016. 中国科技统计年鉴[M]. 北京：中国统计出版社.

贺聪，洪昊，葛声，等，2012. 金融支持农业科技发展的国际经验借鉴[J].浙江金融，(3)：33-38.

胡志丹，王奎武，柏鑫，等，2010. 国外支持农业科技创新的典型做法及借鉴[J]. 农村经济与科技，(1)：84-86.

黄大昉，2006. 加快推进国家农业科技创新体系建设[J]. 中国科技产业，(4)：24-25.

蒋兴华，2012. 区域科技创新能力评价体系构建及综合评价实证研究[J]. 科技管理研究，32(14)：64-68.

康晓虹，2015. 国外农业科技金融经验借鉴及启示[J]. 科学管理研究，33(4)：121-124，128.

克里斯托夫·弗里曼，2008. 技术政策与经济绩效：日本国家创新系统的经验[M]. 张宇轩，译. 南京：东南大学出版社.

雷德雨，张孝德，2016. 美国、日本农村金融支持农业现代化的经验和启示[J]. 农村金融研究，(5)：50-54.

黎红梅，汪邹霞，2016. 金融支持农业科技创新的国际经验[J]. 世界农业，(1)：79-83.

李柏洲，苏屹，2009. 区域科技创新能力评价体系的优化及实证分析[J]. 情报杂志，28(8)：80-83.

李国祥，2015. 中央1号文件：改革创新驱动现代农业[N]. 中国青年报，2015-2-9（02版）.

李海霞，朱金玉，2014. 科技创新的金融服务体系、机制与政策研究[J]. 财务与金融，(2)：72-75.

李华，蒲应，2013. 全球化中的大国农业——新西兰农业[M]. 北京：中国农业出版社.

李建伟，2005. 技术创新的金融支持——理论与政策[M]. 上海：上海财经大学出版社.

李倩，师萍，赵立雨，2010. 基于灰色关联分析的我国区域科技创新能力评价研究[J]. 科技管理研究，（2）：43-44，50.

李巧莎，杨伟坤，杨蕾，2014. 农业科技创新的财政金融支持研究[J]. 科技管理研究，34（13）：8-10，15.

郦解放，2009. 浙江省创新型科技人才培养体系的理论思考与对策建议[J]. 高教与经济，（3）：23-30.

梁蒙，2012. 创新驱动、"四化"同步：农业现代化的必然要求与实现路径[J]. 农业部管理干部学院学报，（4）：19-24.

刘洪银，2013. 农业科技创新中人才约束与破解[J]. 浙江农业学报，25（2）：399-403.

刘丽伟，高中理，2014. 创新驱动视角下我国农业经济发展方式转变能力成长新态势分析——以湖南、广东创意农业为例[J]. 农业经济，（12）：3-6.

卢山，李树军，张怀明，2005. 我国高科技产业发展中的风险投资与作用机制研究[J]. 科学管理研究，（2）：88-91.

吕火明，李晓，刘宗敏，等，2011. 农业科技创新能力建设研究[M]. 北京：中国农业出版社.

马斌，李中斌，2011. 中国科技创新人才培养与发展的思考[J]. 经济与管理，（10）：30-32.

马卫寰，2011. 发达国家科技创新人才战略对河南的启示[J]. 河南财政税务高等专科学校学报，25（3）：42-44.

迈克尔·波特，2002. 国家竞争优势[M]. 李明轩，邱如美，译. 北京：华夏出版社.

孟祺，2018. 金融支持与全球科创中心建设：国际经验与启示[J]. 科学管理研究，36（3）：106-109.

聂继凯，危怀安，2015. 国外科技创新研究述评：理论与模式[J]. 科技与经济，（2）：16-20.

庞柏林，2008. 中国农业技术创新驱动模式研究[J]. 学习与探索，（1）：171-173.

彭建华，向跃武，2014. 解放思想 深化改革 大力促进农业科技创新成果转化——关于四川省农业科学院科技创新成果转化的思考[J]. 农业科技管理，33（2）：27-29.

邵伟红，2014. 探讨科技创新金融支撑体系的构建[J]. 财经界(学术版)，（3）：8.

申蕙，2017. 金融支持现代农业发展研究[D]. 昆明：昆明理工大学.

沈超，郑霞，2015. 新型研发机构助力广东创新驱动发展[J]. 广东科技，（10）：24-27.

舒长斌，张熙，2014. 关于提升四川省农业科技创新能力的思考[J]. 四川农业与农机，（3）：12-14.

四川省统计局，四川省科学技术厅，2013. 四川科技统计年鉴[M]. 北京：中国统计出版社.

宋桥生，娄光新，李宝喜，等，2011. 基于转变农业发展方式的农业科技创新模式[J]. 湖北农业科学，50（19）：4077-4079.

唐珂，2015. 美国农业[M]. 北京：中国农业出版社.

唐龙，2013. 研发创新与经济增长方式的转变[J]. 重庆科技学院学报（社会科学版），（3）：67-69.

汪冰，2013. 创新、创新驱动和创新驱动战略[J]. 甘肃理论学刊，（4）：24-26.

王德平，2010. 经济发展方式转变与科技创新研究[D]. 成都：西南财经大学.

王慧军，刘秀艳，2010. 中国农业推广发展与创新研究[M]. 北京：中国农业出版社.

王俊，2011. 发达国家农业科技发展经验对中国新农村建设中农业科技发展的启示[J]. 世界农业，（7）：75-80.

王璇，2013. 创新驱动湖北发展战略研究[D]. 武汉：武汉理工大学.

王樱诺，2017. 吉林省农业科技金融发展问题研究[D]. 长春：吉林农业大学.

翁伯琦，2014. 应将创新驱动战略融入农业[N]. 中国科学报，2014-11-26（第6版）.

吴敬学，张琳，王志丹，等，2013. 农业科技成果转化：模式、机制与绩效研究[M]. 北京：经济科学出版社.

吴伟，邹晓东，王凯，等，2013. 拓展与参与：美国公立大学功能的新变化[J]. 高等教育研究，（6）：84-93.

信乃诠，2011. 加快农业发展方式转变的重要支撑——科技进步和创新[J]. 农业科技管理，（2）：1-4.

徐宏源，张蕙杰，朱晋宇，2015. 荷兰农业[M]. 北京：中国农业出版社.

杨雄年，2015. 加快农业科技创新推动农业发展方式转变[J]. 农业科技管理，34（1）：1-6.

喻宝才，2014. 创新驱动发展切实发挥科技创新支撑引领作用[J]. 中国石油企业，（4）：14-18.

参考文献

原宁, 2012. 培养和激励农业科技创新人才[N]. 人民日报, 2012-3-21.

约瑟夫·熊彼特, 1990. 经济发展理论[M]. 何畏, 易家详, 张军扩, 等, 译. 北京: 商务印书馆.

占毅, 2004. 关于科技创新体系构建中的若干问题及对策探讨[D]. 武汉: 武汉理工大学.

张来武, 2011. 科技创新驱动经济发展方式转变[J]. 中国软科学, (12): 1-5.

张丽萍, 郑庆昌, 李建华, 2014. 创新驱动发展新机制探索——以晋江市为例[J]. 福建农林大学学报(哲学社会科学版), 17(2): 1-4.

张培刚, 2001. 发展经济学教程[M]. 北京: 经济科学出版社.

张淑辉, 2014. 山西省农业科技创新的动力机制研究[D]. 北京: 北京林业大学.

赵炳权, 常小莉, 2014. 兰州市实施创新驱动战略 SWOT 分析[J]. 甘肃科技, 30(8): 1-3.

赵昌文, 2010. 科技金融[M]. 南京: 江苏人民出版社.

赵志强, 2004. 连云港市科技创新能力建设及评价体系研究[D]. 南京: 南京林业大学.

中国科学技术部, 2006. 国外支持农业科技创新的典型做法与经验借鉴[M]. 北京: 科学技术文献出版社.

周寄中, 2002. 科学技术创新管理[M]. 北京: 经济科学出版社.

朱广其, 2012. 农业技术创新、制度路径与农业发展方式转变[J]. 西南科技大学学报(哲学社会科学版), 8(4): 22-26.

朱玉春, 霍学喜, 1999. 我国农业科技成果转化的制约因素及对策研究[J]. 农业技术经济, (3): 19-22.

Cooke P, 1992. Regional innovation systems: Competitive regulation in the new Europe[J]. Geoforum, 23(3): 365-382.

Croitoru A, 2012. The theory of economic development: An inquiry into profits, capital, credit, interest and the business cycle[J]. Journal of Comparative Research in Anthropology and Sociology, 3(1): 90-91.

Freeman C, Clark J, Soete L, 1982. Unemployment and Technological Innovation[M]. Westport, Connecticut: Greenwood Press.

Hospers G J, 2003. Creative cities: Breeding places in the knowledge economy[J]. Knowledge Technology & Policy, 16(3): 143-162.

Lahiri C A, 2007. Costly intermediation and the poverty of nations[J]. International Economic Review, 48(1): 155-183.

Landwall B, 1992. Nationnal System of Innovation[M]. London: Priter Public.

Lawson C, Lorenz E, 1999. Collective learning, tacit knowledge and regional innovative capacity[J]. Regional Studies, 33(4): 305-317.

Patel P, Pavitt K, 1994. The Nature and Economic Importance of National Innovation Systems[R]. Sti Review, 14.